AF410847

OUVRAJES

DE

POLITIQUE,

Par M. l'Abé de Saint Pierre,

de l'Académie Françoise.

TOME CINQUIEME

Projèt pour perfeſtioner la Medecine.
Projèt pour rendre les Etabliſſemens des Reli-
gieux plus parfaits.
Diſcours contre le Mahométisme.
Projèt pour faire ceſſer les diſputes ſéditieuſes
des Théologiens.
Projèt pour perfeſtioner le Comerce de France.
Projèt pour des conférences de Fizique.

A ROTTERDAM,

Chez JEAN DANIEL BEMAN,

& ſe trouve à PARIS,

Chez BRIASSON, 1733.

PROJET

POUR PERFECTIONER

LA

MEDECINE

Uand un Art est devenu fort utile et meme necessaire à la societé, c'est au Gouvernement à prendre les meilleurs moiens de lui faire faire en peu de tems un grand progrez, afin d'en augmenter de plus en plus l'utilité par de nouvelles découvertes. Or on ne peut pas disconvenir que des decouvertes importantes en Medecine ne fussent très importantes aux Peuples, aux Grans, & aux Souverains memes. Les progrez de l'Academie des fiences curieuses font beaucoup d'honeur à la Nation franfoise, mais les grans progres d'une Academie de Medecine unie à l'Academie des fiences ne luiseroient pas moins honorables, & lui seroient beaucoup plus utiles.

A 2

Uti-

Utilité de la Medecine.

Il n'i a perſone de nous qui ſe trouvant fort malade ne ſoit bien aiſe de conſulter les Medecins, non pas parcequ'ils voient fort clair dans les cauſes des maladies, & dans l'éficacité des remedes, mais parcequ'ils ont beaucoup plus de conoiſſance de ces cauſes, & beaucoup plus d'experience de l'éficacité des remedes que les plus grans eſprits qui n'ont eu ni tant d'aplication, ni vû tant d'éxperiences ſur cete matiére.

Or dans la neceſſité d'avoir des remedes & des medecins, n'eſt-il pas à-propos que le Gouvernement tâche de faire faire en peu de tems un grand progrez à une ſience qui nous eſt devenuë ſi neceſſaire.

N'eſt-il pas trez avantajeux que la conoiſſance des remedes ſpecifiques & de la maniere de ſ'en ſervir, deviéne tous les jours plus exacte & en même tems plus comune, même parmi ceux qui ne font profeſſion d'aucune des parties de la Medecine? N'eſt il pas trèz avantajeux qu'un plus grand nombre de citoiens conoiſſent l'origine & la cauſe des maux pour ſ'en prezerver,

& pour

& pour en prezerver les autres, & n'avons nous pas autant de befoin de prezervatifs que de remedes?

Je mets au nombre des prezervatifs les fignes des maladies prochaines, l'atantion à eviter les veilles, les excez dans le boire & dans le manger, le trop peu d'exercice, la pratique d'un bon regime.

I'ai vû le denombrement des morts de Paris, dans une anée du miniftere de feu M. Colbert vers 1680. C'etoit une anée ordinaire pour la mortalité, les morts montoient environ à dix neuf mille, & les batemes à vint mille. Come Paris eft plus peuplé d'un vintiéme que du tems de M. Colbert, je croi que les habitans vont à huit cent mille, & les morts à vint mille; ce qui ne feroit que la quarantieme partie, c'eft à dire que de quarante il en meurt un. Nous avons tous les ans, depuis 1728, des denombremens publiqs des morts & des naiffances come à Londres, à Vienne, à Amfterdam; mais nous n'avons point de denombrement de toutes les perfones vivantes ni de Paris, ni des Provinces.

I'ai fait d'autres fuputations par les-

quel-

quelles j'ai trouvé que dans des comunautez & dans des compagnies nombreuzes depuis 20 ans jusqu'à la vieilleſſe, de 26 à 30 Perſones il en meurt une, anée comune; mais ſupoſons que d'une quarantaine d'homes, il n'en meurt qu'un par an.

Ainſi ſupoſant dans le Roiaume vint milions de perſones de tous ages, de tout ſexe, ce qui eſt l'eſtimation la plus comune & celle de feu M. le Marechal de Vauban, & qu'il en meurt un quarantieme, c'eſt à dire cinq cens mille, il en vient au monde cinq cens vint cinq mille. Or il eſt conſtant que de ces cinq cens mille morts il en ſeroit rechapé ſinon la moitié du moins le quart, ſi nos obſervations ſoit ſur les prezervatifs, ſoit ſur les remedes, etoient devenuës en dix ans, en vint ans, un quart plus parfaites & ſurtout plus conuës de tout le monde, les remedes plus comuns, & la conoiſſance de l'aplication des remedes un quart plus comune qu'elle n'eſt aujourdui parmi nous.

Les perſones qui ont un peu d'esprit & d'experience ont tous une ſorte de conoiſſance groſſiere des maladies,

dies, des prezervatifs & des remedes.
Or prolonger tous les ans la vie de dix
ans l'un portant l'autre à la quarantieme partie de ceux qui meurent, c'eſt
à dire à cent vint cinq mille perſones,
ne ſeroit-ce pas procurer un trèz grand
avantage à l'Etat?

De ceux de notre conoiſſance qui
meurent il i en a à-peine un de trente
dont on ne diſe pas, *ſi un an, ſi un mois,*
ſi huit jours auparavant il s'etoit conduit
de telle maniere; ſi dans ſa maladie on
l'avoit ſaigné, ſi on ne l'avoit pas ſaigné
&c. ſi on lui avoit doné tel remede, ſi on
ne lui avoit pas doné tel remede, il vivroit
encore. Je ſai bien que ces discours
ſont la plupart mal fondez, mais il
i en a au moins le quart de vrais & de
bien fondez; de ſorte que ſi nos Medecins etoient beaucoup plus habiles,
dans vint ans ils auroient plus de remedes eficaces, ils les doneroient
plus à propos, & ſauveroient ainſi
beaucoup plus de ſujets.

Il eſt certain que les Medecins, pour
leur reputation, font la plus grande partie de ce qu'ils peuvent pour guerir
leurs malades : mais il n'eſt pas moins
certain qu'ils peuvent peu, parcequ'ils

A 4

ſont

font encore dans l'enfance de la Medecine, en comparaizon des conoiſſances
qu'ils pouroient aquerir en cent ans,
ſi la Medecine etoit mieux dirigée.

Cete direction conſiſte ſelon l'aveu
des plus habiles.

1. A mieux obſerver les experiences qu'ils font tous les-jours, & à mieux diſtinguer les diferens cas.

2. A receuillir davantage d'obſervations, & avec plus d'exactitude.

3. A les mieux comparer par la
lecture | avec les obſervations des E-
crivains anciens & modernes.

4. A les rendre les unes & les
autres plus comunes en Franſois par
l'impreſſion.

5. A tirer d'un certain nombre
d'experiences, certaines maximes presque generales pour certains cas generaux.

Nous ſomes encore trop ignorans
des experiences particulieres , pour
faire des ſiſtèmes qui puiſſent nous
conduire avec ſeureté dans la pratique.
Nous ne pouvons encore naviguer
pour ainſi dire que terre à terre & de
proche , ſi nous ne voulons pas risquer
de nous egarer & de nous perdre. Ainſi
c'eſt

c'eſt uniquement à la pratique conuë
à diriger la pratique inconuë, & meme toujours de trèz proche en trèz
proche.

Dans vint ans nos maximes ſeront
un peu moins generales, parceque les
cas ſeront un peu moins généraux ;
nos exceptions ſeront plus nombreuzes, & de plus en plus ſubdivizeés en
diferens cas ; afin d'aprocher toujours
de plus prèz des voies de la Nature meme, qui afecte en meme tems les reſ-
ſemblances dans les eſpeces, & les diſ-
ſemblances infinies dans le nombre
infini des individus qui ſe trouvent
eux-memes ſouvent dans des circonſtances trèz diférentes.

Il eſt etonant que depuis plus de
deux mille ans, avec le ſecours de ce
nombre prodigieux d'obſervations &
d'experiences faites & ecrites depuis
Hipocrate, nous n'aions pas preſentement dans une Sience ſi utile aux homes un ſeul Auteur qui ſoit autant au
deſſus d'Hipocrate en Medecine, que
Descartes mort en 1654 eſt au deſſus
d'Ariſtote en Fiſique, & au deſſus
d'Archimede en Geometrie. Et combien n'avons nous pas deja d'Auteurs

<table><tr><td>A 5</td><td>ſupe-</td></tr></table>

supérieurs à Defcartes lui meme, dans
ces Siences qui ne font pas à beaucoup prez fi utiles à la focieté, que
peut etre la Medecine.

Cependant il eft certain que la vie
des Princes, & furtout des Grans homes
eft très précieuze à l'Etat; & que la
perte de tel Prince, de tel Magiftrat, de tel Miniftre, de tel Filofofe, de tel General d'armée eft plus
confiderable pour l'Etat, que la perte
de mille & meme de dix mille autres
homes du comun.

MOIENS

*De procurer le progrèz de la
Medecine.*

Il ne fufit pas de montrer de quelle
utilité feroit un grand progrèz de la
Medecine, il faut encore indiquer les
moiens de procurer ce grand avantaje
au Publiq.

MOIEN GENERAL.

*Etabliffement d'un Bureau de Medecine
uni à l'Academie des Siences.*

Le

Le moien general le plus propre c'eſt d'etablir dans la capitale un Bureau de Medecine uni à l'Academie des Siences. Il ſera compoſé de dix Penſionaires de 2000 tt. & de cinq de 1000 tt. le tiers des Facultez etrangeres franches.

Cete Academie une fois etablie, cherchera, trouvera, adoptera, & rectifiera les autres moiens ſubalternes que je vai propoſer, & ceux que d'autres lui propoſeront dans la ſuite. Ainſi j'inſiſte principalement ſur cét etabliſſement pérpétuèl, ſans lequèl les meilleurs reglemens que l'on pouroit propoſer demeureront inconus, ou ne ſeront pas executez.

Ce Bureau s'aſſemblera une fois la ſemaine, durant deux heures. Cela metra les Académiciens dans la neceſſité d'ecrire & de compiler ſur chaque matiere les obſervations des meilleurs Medecins franſois ou etrangers, anciens & modernes, ſur chaque maladie; & ils en profiteront eux memes dans leur pratique, par les experiences nouvelles qu'ils feront.

On reproche à la plupart de nos Medecins praticiens les plus employez,

ployez, de ne pas lire sufifament les
obfervations des anciens , & furtout
des modernes qui ont excèlé ; come
on reproche aux Medecins qui ecrivent & qui lifent beaucoup , de ne pas
s'inftruire affez par la pratique &
par leur propre experience, qui jointe à la reflexion & à la lecture peut
rectifier les vuës ou fauffes , ou trop
vagues de la fpeculatien.

Souvent l'interèt du Medecin eft
de faire durer la maladie, les Medecins n'ont pas d'interèt à crier forte-
ment contre l'intemperance. Il n'eft
pas non plus de l'interèt comun des
Medecins, que la conoiffance des re-
médes & de leur aplication deviène
comune ; mais par le fecours d'une
Académie bien recompenfée par des
penfions publiques , la Medecine ira
encore plus droit au bien publiq de
tous les Citoiens, contre l'interèt particulier du comun des Medecins.

Ainfi il poura ariver que la plupart des Franfois, avant l'age de 30 ans,
fauront par tradition gouverner fage-
ment leur fanté fans le fecours des
Medecins, foit pour eviter les maladies, foit pour fe guerir des légéres

indis-

ndispofitions; & les citoiens plus habiles ferviront de medecins dans leurs
familles, pour les petites maladies des
perſonés plus jeunes.

Cète Academie pourra recevoir des
fondations qui tendront au foulage-
ment des pauvres malades, au perfecti-
onement de la Medecine, & à rendre
cète fience plus comune & plus aizée.

Je ne dis pas ceci fans fondement ;
car un Medecin riche qui fait cas des
richeſſes, & qui eft aſſez atantif à en
amaſſer, m'a dit que pour comancer
une fondation utile d'une Academie de
Medecine, il legueroit volontiers à
cète Academie cinquante mille francs.
Ainfi l'on peut efperer que de tems
en tems il fe trouvera de femblables
gens de bien, qui touchez des memes
motifs fuivront fon exemple.

Il i a eu de notre tems un Medecin Anglois nomé Ratheleif qui fe pro-
nonce Ratelif, qui etoit devenu fort
riche, & qui a legué un fond de deux
cens mille francs ou de huit mille livres de rente, pour entretenir deux
Medecins durant quatre ans dans les
Péys etrangers, pour en raporter en
Angleterre les obfervations propres à
pre-

perfeɛtioner la Medecine. Belle fondation d'un bon citoyen!

Chaque homme, pris feparément, ne travaille que pour fon utilité particuliere : mais affemblez les homes d'une meme profeffion, ils tendent naturèlement à un but comun, foit en faveur de l'utilité particuliere de leur profeffion, foit en faveur de l'utilité générale des Citoyens : ils fe piquent alors d'aler plus droit vers la plus grande utilité du Publiq, & tel eft un des grans avantajes de l'etabliffement des Academies.

Travaux de l'Academie de Medecine.

1. Elle examinera les obfervations qui lui feront envoyées par les Medecins provinciaux ou etrangers, & furtout par les Medecins des hopitaux qui ont la comodité de faire vint fois plus d'experiences que les autres.

2. Elle eftimera la valeur & l'utilité de ces obfervations, pour faire recompenfer les meilleures, ou par des gratifications, ou par des penfions & par des louanges.

3. Elle fera imprimer celles qui
me-

meriteront recompenfe, afin que plus de perfones en puiffent profiter.

4. Son principal travail fera de former la *Bibliotèque de Medecine*, qui confifte à raffembler dans des recuëils fur chaque matiére les obfervations & les maximes des bons Auteurs, aprez que les Academiciens les auront verifiées par l'expérience.

Cète Bibliotèque abregera beaucoup la lecture des Ecoliers, & diminuera fort leur dépenfe en livres.

5. L'Academie divifera les maladies à chaqne Academicien, qui aura foin de reccuillir les obfervations fur telles & telles maladies.

6. L'Academie fera deux fortes de Biblioteques, l'une plus ample pour les Medecins de profeffion, l'autre beaucoup plus courte pour les maladies les plus comunes & les plus danjereuzes, en faveur des chirurgiens, apoticaires des bourgs ou des petites villes qui ont foin des malades des vilages, & en faveur des Seigneurs & des Dames qui cherchent à foulajer les pauvres malades, & qui veulent faire quelque progrèz dans la guerizon des maladies.

7° Elle

7. Elle employera son credit & sa prudence, pour faire en sorte que les Medecins des hopitaux aient de plus grosses pensions, & soient choisis entre les meilleurs.

8. Elle cherchera les moiens d'avoir plus seurement les drogues de la meilleure qualité. On peut voir par exemple si la metode etablie dans la plûpart des villes d'Allemagne, come Ausbourg, Vlm, Strasbourg, est la meilleure, & si elle ne pouroit pas s'établir dans nos grandes villes.

Les villes allemandes achètent les meilleures drogues medecinales tous les ans, & en font faire les essais : les apoticaires en font le melange & les preparations, & vendent tous ces remedes, le meme prix reglé par la police de la ville, & jètent tout ce qui est vieux d'un an : cela fait qu'ils ne donent jamais des drogues trop vieilles, & de mauvaise qualité.

9. Elle cherchera les moiens de perfectioner l'apoticairerie, & de mieux instruire les apoticaires.

10. Elle proposera les moiens de diriger les Ecoles de Medecine vers une plus grande perfection.

11. Les Profeſſeurs de Paris n'ont pas des apointemens ſufizans, auſſi cez places ne ſont pas remplies de Medecins auſſi habiles qu'ils pouroient l'etre. Les cinq cens livres que Franſçois I. avoit doné pour leurs apointemens valoient alors, en 1529, plus que ne valent quinze cens livres ſous Louis XV, en 1729, c'etoit trois cens onces d'argent. Or ſi celui qui gouverne veut que la Medecine ait d'auſſi bons Profeſſeurs que ſous Franſçois I. il faut qu'ils ſoient ſufizament recompenſez : *il i a,* come dit le proverbe, *de la marchandize à tout prix.*

12. Il faut de meme chercher les moiens de perfeſctioner la Chirurgie, & d'en rendre les operations plus conues dans les Provinces, & plus faciles à executer.

13. Elle donera tous les ans un recüeil d'obſervations de l'anée ou des anées precedentes, faites tant à Paris que dans les Provinces.

14. Elle perfeſctionera les modeles d'obſervations ſur chaque eſpece de maladie, & envoyera tous les trois ans ces modeles perfeſctionez dans les Provinces.

15. En donant à chacun des Academiciens la charge de recueillir les observations sur telles & telles maladies, sur tel & tel remede, le Publiq saura mieux à qui il faut s'adresser pour chacune de ces maladies ; par exemple, pour les maladies des femmes, pour les maladies des enfans, pour les maladies des yeux , pour la petite verole, pour les fievres intermitentes, pour les dissenteries &c.

Recompense des Academiciens.

Lez etablissemens qui n'ont pas des ressorts sufizans languissent bientot, & peu à peu s'aneantissent. Il faut donq des recompenses sufizantes de la part du Publiq, il faut des esperances de l'honorable & de l'utile dans lez Academiciens.

Il arivera souvent que les moindres Pensionaires travailleront plus & plus utilement, que ceux qui auront des pensions doubles; parce qu'ils auront de plus le ressort de l'esperance d'etre bientot au double.

Pour parvenir à cet Etablissement, voici les articles que je propose.

1. Le

1. Le Roi nomera les cinq premiers membres double Penſionaires de l'Academie.

2. Ces cinq nomeront le ſixieme par ſcrutin, les ſix nomeront le ſeptieme, les ſept nomeront le huitieme toujours par ſcrutin, & ainſi de ſuite.

3. Le Penſionaire de la premiere claſſe vacant ne poura etre remplacé que par un Penſionaire ſimple, & toujours au ſcrutin.

J'ai demontré ailleurs que le Prince qui multiplie les diſtinctions entre les homes, pourvû que ces distinctions ſoient donées au ſcrutin exemt de cabales & entre pareils, multiplie en meme tems lez efforts de ces homes pour le bien publiq.

4. En l'abſence du premier Medecin du Roi qui ſera le Directeur né de l'Academie, il i aura un Preſident pour trois ans, ſauf à le continuer.

5. Le fond deſtiné par le Roi ſera de trente mille livres, il i en aura vint mille pour les dix Penſionaires doubles, cinq mille pour les

cinq

cinq Penſionaires ſimples , & cinq
mille en jetons & en faux frais du
Bureau. Cez jetons ſeront diſtribuez
à tous les Académiciens aſſiſtans. Le
Secretaire du Bureau aura le double
des jetons d'un Academicien , & ſera
Treſorier de l'Academie.

6. Les Medecins de la Cour pouront à l'avenir etre choiſis par ſcrutin , le Bureau en nomera trois au
Roi, afin qu'il en choiſiſſe un.

7. Tous les dix ans le Roi donera
une patante de nobleſſe à un des trois
Penſionaires qui ſeront nomez au ſcrutin par le Bureau.

L'emulation & l'eſperance de l'honorable & de l'utile , voilà des resſorts ſufizans pour faire faire des efforts continuels : Mais pour cela il
faut que dans les Eleƈions , il i ait
trois Comiſſaires du Roi qui aient
droit de priver de voix aƈive &
paſſive pour trois ans quiconque aura
sabalé.

8. Le Roi accordera droit de *Comittimus* aux Académiciens.

Autres Moiens Particuliers.

1. Un Medecin qui a cent malades à gouverner dans un hopital, en a trop pour avoir le loifir d'ecrire les obfervations, & de les propofer pour les envoier à l'Academie.

2. Il feroit bon que tant les Medecins que les Malades d'un grand hopital fuffent diftribuez dans les fales par genre de maladies, les malades en feroient bien mieux fecourus.

3. L'Académie doit procurer une pratique facile, & des remedes à bon marché & faciles à trouver, pour les maladies les plus comunes des peïfans.

4. Les Curez pouroient diftribuer les remedes, & avoir le petit Livre de l'illuftre Mad. Fouquet à qui on a doné depuis le titre de *Medecin Charitable*, aprèz cependant qu'il aura été perfeétioné par l'Academie.

5. Il feroit de la bone politique & de la charité cretiene, que lez Vicaires & les Curez de la campagne puffent foulager & guerir le corps auffi bien que l'ame. Il eft vrai qu'il i a

quelques Conciles Provinciaux qui
dans le tems d'ignorance, ſous des raizons inſufizantes qui ne ſubſiſtent plus,
ont defendu aux Pretres & aux Cúrez
de ſe meler de Medecine.   Mais nous
voions preſentement avec evidence,
qu'ils ne faiſoient pas atantion combien un Curé qui ſauroit un peu de
pratique de Medecine, à peu prèz
come un Chirurgien de vilage, feroit
de bien aux pauvres malades dans ſa
Paroiſſe , & combien il aquiereroit
leur confiance pour leur inſpirer des
mœurs cretienes.

Dans cète vue les Eveques & autres
Nominateurs pouroient preferer pour
Curez à la campagne, ceux qui auroient apris aſſez de morale dans les ſeminaires, & aſſez de Medecine dans
les hopitaux pour faire uzage, à l'e-
gard des pauvres malades ou bleſſez de
leurs paroiſſes , des remedes ou des
pratiques qui ſont ecrites en detail, &
que j'ài vû autrefois avec edification
dans le petit Livre dont je viens de
parler.   Cete vüe d'enſeigner un peu
de Medecine aux Ecleſiaſtiques dans
les ſeminaires , eſt plus inportante à
l'Etat

l'Etat que l'on ne croit , & merite d'etre aprofondie, & bien demontrée dans un Memoire feparé.

Cète demonſtration ne fera pas dificile à l'egard de *l'inportance*, ſi l'on fonge qu'il i a prez de quarante mille paroiſſes de la campagne, & plus de douze milions de perſones qui en feroient aſſiſtées dans la feule France.

La choſe ne fera pas non plus dificile à demontrer à l'egard du *devoir*, ſi l'on fait reflexion que l'efprit de la vraye Religion , & le but principal de l'Evangile c'eſt *la bienfaizance*, c'eſt à dire la pratique de charité envers le Prochain pour plaire à Dieu, & pour en obtenir le paradis. Notre Seigneur reprochoit aux Fariziens de s'atacher plus aux Traditions humaines fondées fur l'ignorance ou fur des craintes frivoles , qu'ils n'étoient foumis à la Verité fondée fur la Raiſon, qui eſt une efpece de Parole Divine qui nous eſt conüe fans miracle par la Providence ordinaire.

Boeuf tombé dans un foſſé le jour
du Sabat &c.
Jeſus Chriſt etoit medecin du corps & de
l'ame. Parabole du Samaritain.

B 4

Boeuf

C'eſt à la ſage Politique à detruire peu à peu les erreurs de la Superſtition ou du Fanatiſme qui ſe gliſſent ſouvent dans lez pratiques de Religion, ſurtout lorſque cez pratiques ſont pernicieuſes à la Société. L'on ne voit que trop que l'ivraye croiſt au milieu du froment. Il faut que le Souverain aneantiſſe les pratiques qui ſont contre la charité bien entendüe, & par conſequent contre l'augmentation du bonheur de la ſocieté des Cretiens.

Tout le monde ſait que nos Miſſionaires du Levant, ſoit Eveques *in partibus*, ſoit Curez, ne font jamais plus de progrez dans les miſſions, que lors qu'ils font la medecine *gratis* avec le ſecours de quelques Livres de pratique, tels que le *Medecin Charitable*.

Cela prouve que la Congregation *de propaganda fide*, & le reſte de l'Eglize, croit deja qu'il ſeroit à ſouhaiter que lez Curez come les Miſſionaires puſſent apliquer les bons remedes aux malades, & ſurtout aux pauvres qui meurent faute de ſecours

cours des medecins & des remede.

6. L'Academie fera, avec prudence, les essais des remedes nouveaux;
& s'ils se trouvent bons, elle donera
son avis à la Cour sur la pension que
merite l'inventeur à proportion de
l'utilité du remede, & elle donera le
remede au Publiq avec l'instruction
necessaire pour s'en servir utilement.

7. C'est un abus intolerable de
rendre le titre de Docteur en Medecine si dificile à obtenir à un Etudiant
habile qui a le malheur d'etre pauvre. Je sai bien que les Docteurs qui
doivent l'examiner doivent etre peyez,
mais il me semble que c'est à l'Etat à
faire ces petites depenses des Examinateurs : Cela feroit qu'ils refuzero-
ent toujours avec raizon les ignorans
riches, jusqu'à ce qu'ils fussent devenus plus habiles & plus apliquez,
& qu'ils leur prefereroient les pauvres
Etudians plus intelligens & plus laborieux.

Il sufit, par exemple, que le Roi
& l'Etat done aux trois Examinateurs
une once d'argent par heure dans chaque examen, ils feront contens : La

depenſe eſt legere , & les pauvres
Etudians qui ſeront ſouvent les plus
laborieux & · les plus habiles ſeront
receus *gratis*.

8. Il faudroit plus de Medecins dans
les hopitaux, & qu'ils fuſſent choiſis
entre les meilleurs.

Il faudroit qu'ils i reſidaſſent avec
leur famille, & qu'ils n'en ſortiſſent
point ſans laiſſer un autre Medecin.

Il faudroit que leurs gajes fuſſent
plus forts, que ce qu'ils pouroient gagner dans le publiq.

Il faudroit en uzer de meme pour
les Chirurgiens & pour les Apoticaires, & que le choix s'en fit par les
vint plus anciens au ſcrutin.

9. Il i auroit un profit de plus de
mille pour cent pour l'Etat à doner
une penſion de ſix cens livres à un
Medecin pour un bourg, & quatre
cens livres à un Chirurgien qui fut
auſſi Apoticaire, qui euſſent travaillé
deux ans dans un hopital à charge de
viziter les pauvres malades des parois-
ſes des environs *gratis* à trois lieues
à la ronde, & de doner quelques remedes bons & à bon marché, mais
non pas *gratis* aux peïzans qui auroient
cin-

cinquante onces d'argent de revenu. Ce ne feroit pas non plus *gratis* pour les Gentilshomes, & pour les Ecleziaftiques.

Ce Medecin & ce Chirurgien fauveroient tous les ans l'un portant l'autre plus de vint perfones qui meurent faute de fecours dans vint paroiffes de cent feux chacune, & ils en deviendroient plus habiles. Or qui ne voit que ces vint perfones ainfi fauvées vaudroient dix fois plus à l'Etat, que les mille francs que recevroient ces deux Penfionaires de l'Etat.

L'Intandant partageroit les cantons & les paroiffes à chaque Medecin, & à chaque Chirurgien-apoticaire.

10. La Compagnie des Indes aura quelques Medecins dans fes établiffemens lointains, qui feront en correspondance avec l'Académie fur les remedes & fur les metodes du Peys.

11. L'Académie donera une inftruction inprimée à chaque chirurgien de vaiffeau pour faire les obfervations durant fon voiage, & pour en faire part à fon retour à l'Académie, qui de fon coté donera fon avis
fur

ſur la gratification ou penſion qu'il
merite.

C'eſt à cete Aſſemblée à juger quelles recompenſes meritent les decouvertes, afin d'exciter davantaje lez inventeuis à chercher des moiens de prezerver les homes des maladies les plus comunes & les plus danjereuſes, & à chercher les meilleurs remedes pour les guerir quand on ne s'en eſt pas prezervé.

12. Les Livres de pratique de Medecine perfeɛtionez par l'Academie, tel qu'eſt *le Medecin Charitable*, doivent ſe vendre à trèz bon marché, afin qu'ils ſe repandent davantaje dans le Publiq. Au reſte il ne faut pas croire que là où la Medecine eſt encore groſſiere, come parmi les chirurgiens-apoticaires des bourgs & des vilages, elle ne ſoit pas trèz utile dans les maladies preſſantes, come dans les esquinancies, dans les comancemens d'apoplexie, dans les pleurezies &c.

Il eſt vrai que la Medecine eſt meilleure dans les grandes Villes, mais elle ne laiſſe pas de ſauver bien des Citoyens dans les lieux où elle n'eſt que groſſierement conuë. Ainſi les Livres tels
que

que *le Medecin Charitable* , lorsqu'il
fera perfectioné, ne fauroient devenir
trop comuns dans le Roiaume.

13. On m'a propofé pour les hopitaux des malades, ou hotels-dieu,
une metode que je trouve bonne dans
la fpeculation. On fupoze un Medecin à qui l'hopital donne trois cens
onces d'argent d'apointement, qui
voit environ cent malades par jour;
on fupoze qu'il en guerit cinq cens
par an, qui fortent de l'hopital. Il feroit
mieux, dit-on, qu'on lui donat une
once d'argent par chaque malade qui
fort, il aura en general plus d'atantion à chaque malade pour ne pas perdre fon once d'argent, & à la bone
heure qu'il en gueriffe fix cens au lieu
de cinq cens. Cent qu'il guerira de
plus ne couteront pas à l'Etat la cen-
tieme partie de ce qu'ils valent à l'E-
tat. Lez Apoticaires & les Chirurgiens feront mis à proportion fur le
même pied. Cète fuputation n'eft
point impoffible, & fi elle eft de l'interèt des Medecins & autres Oficiers
de Medecine, elle eft encore plus de
l'interèt des malades & de l'Etat.

En

En general il faut faire en forte que e
ceux que l'Etat employe trouvent leur ヿ
interèt particulier à augmenter le bien ヿ
publiq : autrement fi le parefieux & ヿ
le mal - habile a la mème recompenfe ヿ
que le plus laborieux & le plus habi- ·
le, il ni a plus d'emulation, plus d'a- ·
plication, tout tombe dans la noncha- ·
lance, & bientot aprèz dans le dezor- ·
dre.

OBJECTION I.

C'eft une erreur de croire que par
le fecours des bons Medecins, des
bons Chirurgiens, & des bons remedes, on puifie ni dans les blefiures, ni
dans les maladies, prolonger la vie
d'un malade, feulement d'une femai- ·
ne. Nos jours font comptez, c'eft ヿ
Dieu qui les a comptez, les Mede- ·
cins n'i fauroient rien chanjer. Donq ヿ
il eft inutile de perfeƈtioner la Mede- ·
cine & la Chirurgie : ceux qui re- ·
chapent d'une maladie en eufient re- ·
chapé fans le fecours des operationɛ
de chirurgie : les plus habiles ne fau- ·
roient prolonger, d'un feul jour, lɛ
vie d'un malɩde ou d'un blefié.

RE

REPONSE.

J'avoüe que je ne m'atandois pas à une pareille objection, furtout en matiere de conduite & de pure pratique. Je ne croyois pas que d'une propofition de pure fpeculation remplie d'équivoques, on voulut à l'abri d'un fofisme affez groffier conclure ferieufement une auffi grande extravagance.

Car enfin chacun, avec un pareil raizonement, peut tirer une infinité de conclufions également extravagantes : & en effet il eft affez bizarre qu'une perfone fenfée d'ailleurs veuille prouver l'inutilité des precautions qu'infpire la prudence, quand il s'agit d'eviter les malheurs que lez homes peuvent craindre, & qu'elle ne s'apuye pour fon deffein que fur un principe qui mène droit aux plus grandes extravagances dans la conduite de la vie. Mais quand vous etes malade, ou M. votre Fils, d'une maladie confiderable, pourquoi ne vous contentez-vous pas ou d'une fimple garde, ou d'un petit chirurgien du coin de la rue ? Pourquoi même apeler un chirurgien, un medecin, une garde?

Dieu

Dieu ſait le nombre des jours de M. votre fils.

Un de vos enfans tombe du bateau dans la riviere, le batelier, au lieu de le ſecourir, dit, *Je ne ſaurois lui prolonger la vie d'un ſeul jour, ſes jours ſont comptez.* Si avec ce beau raizonement il le laiſſoit noyer ſans tenter de le retirer, il raizoneroit juſte ſuivant votre principe; cepandant ne le condaneriez-vous pas d'avoir trèz-mal agi, & encore plus mal raizoné?

Voilà une maizon qui brule dans votre voizinage, Dieu ſait le nombre des maizons qui ſeront brulées : ainſi il eſt inutile de faire tirer de l'eau du puits, il eſt inutile d'abatre la maizon voizine de la votre pour empecher la communication du feu, il eſt inutile de mander lez oficiers des pompes, il eſt meme inutile d'en perfeƈioner l'uzage. Or n'eſt-ce pas refuter ſufizament votre raizonement, que de montrer qu'il conduit à une infinité d'abſurditez?

OB-

OBJECTION 2.

Il faut un Medecin pour propozer dans un Memoire les moiens de perfcɛtioner la Medecine, & vous n'etes pas Medecin.

REPONSE.

Sans etre né Aſtronome ni Geometre, ni Chimiſte, ne peut-on pas demontrer que l'Etabliſſement de l'Academie des Siences eſt un excèlent moyen pour faire faire en peu d'anées un grand progrez à l'Aſtronomie, à la Geometrie, à la Chimie : & faut-il donq etre Medecin pour faire comprendre aux lcɛteurs qne l'Etabliſſement d'une Academie de Medecine feroit un excèlent moyen pour faire faire de meme à la Medecine un grand progrèz, & n'eſt-ce pas à quoi aboutit ce Memoire ?

OBJECTION 3.

Il i a aſſez d'obſervations de Medecine qui ſont imprimées, il n'i a qu'à les lire.

C   RE-

REPONSE.

1. Ces obfervations ne font pas toutes bien faites, il i en a meme peu qui i foient bien faites.   Or c'eft l'ouvraje de l'Academie de lez rectifier, & de doner des modèles pour les mieux faire.

2. Celles qui font bien faites ne font pas toutes en Franfois, ni comunes dans le Publiq, l'Academie les traduira & les fera imprimer.

3. Tous les jours, fur des cas nouveaux, il s'en fait de nouvelles: n'eft-il pas à propos que le Publiq en profite, & par confequent que l'Academie les publie?

4. On voit fouvent, dans les Auteurs, des obfervations qui paroiffent contraires les unes aux autres: L'Academie conciliera ces contrarietez par la diftinction des circonftances diferentes, ou bien elle decidera qui eft l'Auteur qui s'eft trompé ou qui s'eft mal exprimé.

5. Nous ne conoiffons pas fufizament quelle croyance on doit avoir à tel Auteur, à telle obfervation, pour operer : mais quand elle fera aprouvée par l'Academie, l'opinion

où

où l'on fera que cete Compagnie parlera avec plus d'exactitude & avec plus d'autorité qu'un Auteur particulier, fufira pour determiner les Medecins & les Lecteurs à operer par imitation, & ces operations produiront d'excèlens fuccez.

OBJECTION 4.

Vous nous donez come une chofe nouvelle le projet d'un Etabliffement d'une Academie de Medecine, & cependant c'eft une penfée triviale qui eft venue non feulement à une infinité de Medecins, mais à ceux meme qui ont un peu penfé fur la maniere de faire faire en peu d'années un grand progrèz à la Medecine.

REPONSE.

Je ne pretens pas propofer une penfée nouvelle, mais je pretens propozer de - nouveau une vuë fi fenfée & fi raizonable, qu'elle vient à tout ceux qui meditent fur la matiere.

Je

Je n'ai meme fait que rassembler en un cahier les diferentes vuës des plus habiles d'entre ceux qui aiment le Bien Publiq, je conviens qu'il est facile de faire un meilleur Memoire: mais mon but a eté de faire ce que persone ne faizoit, & de determiner le Conseil à l'execution d'un projet trèz-sensé, trèz-facile & trèz-avantajeux pour l'Etat, s'il est executé. I'en donerai volontiers toute la gloire à tous ceux qui ont travaillé avec moi. Le bon Citoyen ne se soucie gueres, en pareil cas, que de l'Utilité Publique.

OBJECTION 5.

Vous proposez plusieurs moyens particuliers de perfectioner la Medecine qui sont de trèz-peu d'utilité, & vous n'en proposez pas plusieurs d'une trèz-grande importance.

REPONSE.

I'ai prevenu cete Objection, en disant que l'Etablissement de l'Academie etoit un moien general qui suplécpléeroit à tout ce que je crois ometre de moiens particuliers : mais en faveur du Lecteur j'ai cru devoir metre au nombre de ces moyens particuliers plusieurs vuës utiles qui font venuës à d'habiles Medecins. C'eft à l'Academie à les rectifier, & c'eft à l'experience des fiecles futurs à perfectioner une Academie immortelle.

AUTRES MOIENS.

On m'a fait faire encore diverfes obfervations utiles pour perfectioner la Medecine, les voici.

OBSERVATION 1.

Autant que l'on poura, il fera bon dans les Elections de faire en forte qu'entre les dix Penfionaires qu'il i ait trois Medecins diftinguez dans la Pratique.

Deux Medecins diftinguez dans l'Anatomie & dans la Fizique.

Un Medecin diftingué dans la Chimie.

Un Medecin Traducteur Latin.

Un

Un Medecin Traducteur Anglois,
pour profiter des obſervations de Medecine de cete Nation.

Un Medecin Traducteur Allemand,
pour faire profiter le Publiq des obſervations de Medecine des Allemans.

Un Medecin Traducteur Italien,
pour pareil ſujet.

Ie dis autant qu'il ſera poſſible, &
à qualitez à peu près egales. Il i aura des cas, où l'on poura avec raizon
metre des exceptions à cete regle.

OBSERVATION 2.

Il ſeroit très-utile de diſtribuer,
come j'ai dit, les obſervations en pluſieurs claſſes aux Membres de l'Academie; afin que chacun ait ſoin de
recueillir, de rectifier & de publier
les obſervations de ſa competence.

OBSERVATION 3.

Les plus habiles convienent qu'un
des grans moyens pour perfectioner
la Medecine c'eſt l'ouverture des cadavres, pour conoitre la cauſe de la
maladie & de la mort. Or il ſeroit
à-

à - propos que dans les hopitaux tous les cadavres fuſſent ouverts en preſence du Medecin de l'hopital & de quelques Medecins Academiciens, & ſurtout de ceux qui ſont dans l'Anatomie : ainſi il faut un lieu deſtiné uniquement à ces ouvertures, où ſeroient toutes les comoditez.

OBSERVATION 4.

Il eſt à - propos d'un coté que l'Academie puiſſe profiter de toutes lez obſervations importantes & bien circonſtanciées qui ſe feront dans les Provinces, & qu'elle conoiſſe le nom des bons Obſervateurs; & de l'autre il ne faut pas qu'elle ſoit acablée d'un nombre prodigieux d'obſervations, ou mal circonſtanciées, ou repetées, ou inutiles.

Pour cet effet on propoze d'établir dans chaque Ville de Parlement un Bureau de Medecine de quatre ou cinq Medecins qui s'aſſembleront toutes les ſemaines chez le Premier Préſident, pour faire choix des obſervations qui ſeront envoyées à l'Academie; & les Medecins des petites Vil-

les de la Province envoyeront à cè
Bureau de la Ville du Parlement leurs
obſervations, & ce Bureau Provincial
fera tous lez ſix mois un envoi à l'A-
cademie des obſervations les mieux
circonſtanciées & les plus importantes : & come les obſervations provinciales feront diſtribuées aux Academi-
ciens, chacun d'eux donera ſa reponſe au Secretaire qui les envoyera au
Bureau de chaque Province, & ce
Bureau les comuniquera aux Obſervateurs des petites Villes.

Il faudroit meme que chacun de
ces Bureaux Provinciaux eut ſon
mois d'envoi, pour eviter que les
obſervations provinciales n'arivaſſent
pas toutes en meme tems.

OBSERVATION 5.

Come l'experience decouvrira tous
les ans quelque choſe d'utile à ajouter
ou à retrancher aux Statuts, on examinera dans la premiere Aſſemblée de
chaque anée les chanjemens qu'il ſeroit à-propos d'i aporter ; mais rien
ne paſſera qu'à l'avis des trois quarts
de l'Aſſemblée generale.

OB-

OBSERVATION 6.

C'eſt à l'Academie à diriger les
etudes des Comenſans , & à reco-
mander les meilleurs Livres de Medecine , de Chirurgie, d'Anatomie, &
de Farmacie.

OBSERVATION 7.

Je croi que l'on devroit donner
une rente anuèle de vint ans à l'Inventeur des Anatomies , de lire tant
pour enſeigner ſon Art à dix ou douze
diſciples, que pour laiſſer ces Anatomies à l'Academie de Medecine, ou
à l'Academie des Chirurgiens de St.
Coſme.

Il ſeroit meme utile que le Roi i
nomat un Demonſtrateur, pour i enſeigner les mois de mai, juin, juillet,
aout & ſeptembre : il prendroit meme une retribution ou une once d'argent par mois des Ecoliers, afin d'entretenir les pieces d'Anatomie, & de
les augmenter: il ne faut pas laiſſer
paſſer cete eſpece de treſor de notre
Nation aux Etrangers.

C. 5   Je

Je dis qu'il faut une retribution de
la part des Ecoliers, petite à la verité, mais cependant retribution, afin
d'entretenir le travail du Profeſſeur;
car ſans ce petit ſecours, il pouroit
tomber dans la negligence. Je ne ſai
meme s'il ne faudroit pas deux Profeſſeurs de meme eſpece, pour exciter
entrè eux le reſſort de l'emulation au
grand profit du Publiq.

OBSERVATION 8.

On a ſajement divizé dans les grandes villes la Profeſſion de Medecine en
deux parties, Medecin ordonateur,
Medecin operateur; & meme l'Operation ſe divize en deux autres parties, Chirurgie & Farmacie. C'eſt
que d'un coté l'on peut avoir facilement dans les grandes Villes en meme
tems pour un meme malade des homes de ces trois ſortes de Profeſſion,
& que de l'autre chacun de cez Arts
ſe perfeƈione davantage en peu de
tems, quand celui qui le profeſſe ne
ſonge qu'à perfeƈioner ſa portion:
& ce principe de divizer les Profes-
ſions & les Arts, pour leur faire faire
plus

plus de progrèz en moins de tems, &
trèz - conformes au bon Gouvernement.

Ce principe porte meme à penfer
que la Profeffion de Medecin ordonateur devroit etre encore fubdivizée
dans Paris, dans Londres &c. en quatre ou cinq claffes. Chaque Claffe
auroit un certain nombre de maladies
à etudier plus particulierement que
les autres, & chaque Medecin feroit
tenu avant trente ans de declarer au
Greffe de la Police de quelle claffe il
veut etre.

Mais cète vuë de divizer les Arts
& les Profeffions, qui eft excèlente
pour les villes capitales, ceffe d'etre
bonne pour une petite ville, pour une
bourgade, pour un vilage, pour un
vaiffeau, pour une colonie, & meme pour un regiment eloigné des villes. C'eft que dans ces ocafions où
l'on ne peut pas avoir en meme tems
trois homes neceffaires pour un malade, il faut un home qui fache le plus
neceffaire de chacune de ces trois Profeffions, & qui puiffe ordoner & executer lui - meme tout feul ce qui eft
neceffaire pour la guerizon du malade ;

de : il faut qu'il foit *Medecin Opera-*
teur, il eft neceffaire qu'il fache un
peu de tout, mais particulierement la
Partie de la Chirurgie pour faigner
& guerir les playes, l'uzaje des lave-
mens , & la compofition de quatre
ou cinq fortes de purgatifs; enfin ordoner feul les remedes, & executer feul
les operations mentionées au Livre
qui a pour titre *le Medecin Chari-*
table.

Celui qui dans une Colonie travaille
fur le fer doit favoir quatre ou cinq
metiers, il faut qu'il foit ferrurier,
armurier, taillandier, marechal &c.
C'eft que la Colonie ne peut pas entretenir ces quatre fortes d'artifans,
& n'en peut entretenir qu'un qui
fache le plus important de ces quatre
metiers. Il en eft de meme de celui
qui travaille fur le bois, il faut qu'il
foit un peu charpentier, un peu me-
nuifier, un peu tonelier, un peu
charon.

Or dèzque dans un Vaiffeau, dans
une Colonie &c. on ne peut entretenir qu'un home deftiné à guerir les
malades, les bleffez, il eft important à l'Etat qu'au lieu d'un home qui
ne

ne ſoit que *Chirurgien ignorant*, on i
place plutot *un Medecin Operateur*, qui
ait apris & à ordoner & à operer dans
les hopitaux des grandes villes, aprez
trois ans d'ordonances & d'operations,
ſur les certificats de trois Medecins
deſtinez à exercer & à inſtruire, durant trois ans, les Etudians par des leſ-
ſons journalieres en Franſois dans l'hopital. Ces Medecins etudians auroient, aprèz trois ans d'exercice, le
titre de *Medecins Operateurs.*

Il ſeroit donq à-propos que, ſuivant le reglement que propoſeroit
l'Academie, le Roi ordonat à la Faculté de doner des Letres *de Medecin
Operateur*, diſtinguées des Letres de
Chirurgien ſimple, & des Letres d'*A-
poticaire ſimple.* Or il eſt evident
qu'avec cète precaution d'une etude
continuée de trois ans dans lez hopitaux, ſous des Maitres gajez pour
inſtruire les Ecoliers, & pour leur doner ou faire doner leurs Letres d'a-
prentiſſaje, les vaiſſeaux, les colonies, les bourgades, les petites villes,
les regimens, auroient ſans fiais des
Medecins Operateurs qui ſeroient beaucoup meilleurs que de trèz-mau-
vais

vais Chirurgiens operateurs non medecins, qui tuent fouvent en faignant,
& en purgeant trèz - mal à - propos.

On pouroit meme etablir troifi
claffes entre ces Etudians, & marquer
leurs diferentes claffes dans leurs Letres, & meme le nombre d'anées d'e-
xercice au - delà du cours de troifi
ans; afin que les meilleurs Sujets puſ-
fent etre conus, & avoir les meilleurs
emplois : cela leur doneroit à tous
une grande emulation pour bien employer le tems de leurs etudes, & cete emulation feroit trèz avantajeufe au
Publiq.

Si l'on fait des Medecins operateurs de trois claffes, il eſt à - propos
que de fix Etudians il i en ait un de
la premiere, un de la fegonde, &
quatre de la troifieme, & ainfi à - proportion du nombre, & que cete
election fe faffe par fcrutin entre les
Medecins d'un meme Cours d'exercice, ce Cours ne comenfera qu'à
vint ans acomplis. Metre ainfi l'exercice dans les hopitaux, ne peut etre
qu'utile aux malades, & à ceux qui
veulent aprendre à guerir les maladies.

Cela

Cela me perfuade que les Ecoles de Medecine devroient etre toujours dans le voifinage de l'Hotel - Dieu, & que les Medecins Regens puffent faire obferver facilement à leurs Ecoliers dans la Pratique des hopitaux , ce qu'ils ont enfeigné de Theorie dans leurs ecoles.

OBSERVATION 9.

Il eft certain que pour mieux diriger nos Chirurgiens dans leurs operations foit interieures foit exterieures, il faudroit dans chaque hopital un lieu deftiné aux Anatomies, & que ceux qui difpofent des corps morts euffent ordre d'en doner autant que le Medecin ou Chirurgien demonftrateur en demanderoit pour les Etudians.

C'eft ainfi qu'on feroit fervir les morts à faire durer lez vivans, & à les guerir de leurs bleffures fans les eftropier ; c'eft ainfi que l'on tireroit des cadavres inutiles une trèz grande utilité : il faut, pour une telle autorization, un Arrèt du Confeil.

Voilà

Voilà de ces vuës que l'Academien examinera & rectifiera, pour perfectioner la Medecine.

REFLEXIONS.

Je ne ferai plus que trois reflexions. La premiere c'est que lorsqu'un Etabliſſement produit dix fois plus par an à l'Etat qu'il ne lui coute en penſions, & qu'il raporte cinq cens pour cent, on peut dire que plus l'Etat peyroit de ſemblables penſions plus il s'enrichiroit, & plus ſes richeſſes deviendroient prodijieuzes en peu de tems.

La ſegonde c'est que le Publiq ne tient presque pas de compte aux Rois & aux Miniſtres Generaux des travaux journaliers neceſſaires à ſoutenir l'Etat, & à maintenir la Tranquilité Publique. Mais on diſtingue fort lez Rois & les Miniſtres entre leurs pareils, quand outre leurs travaux ordinaires pour maintenir & rectifier les Reglemens & les Etabliſſemens anciens, ils font encore des Etabliſſemens nouveaux utiles à la Nation : & ce ſont ces ſortes d'Ouvrajes nouveaux & extraordinaires, lorsque l'utilité en

eſt

eſt évidente, qui ſeuls ſont en droit de transmetre avec eclat leur nom à la poſterité.

La Troizième c'eſt que la Medecine en l'etat qu'elle eſt, fait tous les ans une ſorte de progrez inſenſible : mais avec le ſecours des Academies de Medecine qui ſeront établies en Europe, & qui ſe comuniqueront tous les ans de nouvelles obſervations bien vérifiées & bien circonſtanciées, ce progrèz peut etre incomparablement plus grand. J'eſpere que l'Academie de Franſe ſera la première établie, & qu'elle ſervira de modèle aux autres Nations.

OBSERVATIONS

DE

Mr. A. PROFESSEUR,

*Sur le Projèt pour perfectioner
la Medecine.*

AVERTISSEMENT.

Mr. l'Abé de Saint Pierre ayant obtenu d'un habile Medecin quelques observations sur son *Projèt pour perfectioner la Medecine*, il a cru que ces observations étant trèz-sensées & trèz-raizonables, il etoit juste de les rendre publiques.

I.

Sur l'Etablissement d'une Academie de Medecine.

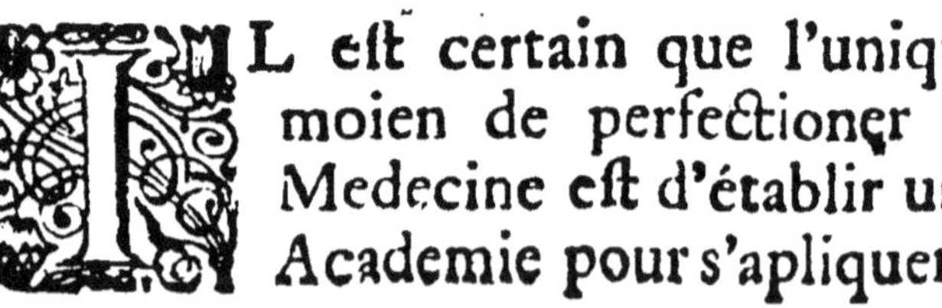

IL est certain que l'unique moien de perfectioner la Medecine est d'établir une Academie pour s'apliquer à

ce feul objet, pour avoir une efpece
d'infpection fur tout ce qui fe fera en
Medecine dans le Roiaume, pour reçevoir toutes les obfervations dez Medecins, pour avoir le foin de les faire verifier par des perfones intelligen-
tes, & pour les comuniquer au Publiq, quand ilez faits auront été fufizament conftatez.

2.

TRAVAUX DE L'ACA-DEMIE.

Il ne fufit pas de marquer dans l'édit
d'Etabliffement ce que l'Academie
devra faire, il faut auffi lui recoman-
der de ne pas s'amuzer à des matières
purement curieuzes de Fizique, d'A-
natomie, de Chimie, ou de Botani-
que. L'unique but des Académiciens
doit ètre de bien decrire le mineral,
le vejetal, ou l'animal, d'où le remede en queftion fera tiré, de bien
etablir l'efpece de plante qui le four-
nit, & de bien marquer la manipula-
tion neceffaire pour le preparer; à
quoi on ajoutera un detail circonftan-
cié du mot, & de l'efpece particuliere

 de

de mal auquel ce remede convient, de
la doze où il faut le doner, des precautions qu'il faut prendre en le donant, des effets diferens qu'il a produit, fans i ajouter aucun raizonement
ni aucune conjecture fiftematique fur
la maniere d'agir du remede. Les fi-
ftemes feront refervez à des Ouvrajes particuliers.

3.

ANATOMIE.

A l'egard de l'Anatomie purement
curieuze on n'en parlera pas, à-moins
que quelque ouverture de cadavre
n'inftruize de quelque maladie nouvelle, ou de quelque efpece nouvelle
d'une maladie anciene, ou enfin que
la conoiffance anatomique d'une partie ne foit neceffaire pour l'intelligence de quelque operation chirurgica-
le; & dans ces cas là meme, on raporta-
portera les faits fans aucun raizonement.

TRA-

4.
TRAVAIL DE L'ACADEMIE DE MEDECINE.

1. Le travail de l'Academie devroit ètre de faire un Cours de Medecine en Franſois ou hiſtoire complète de toutes les maladies, où l'on ne raporteroit que les faits, où l'on decriroit exaĉtement chaque maladie, où l'on marqueroit tout les ſimptomes qui la precedent, l'acompagnent ou la ſuivent, où l'on raporteroit chaque eſpece particuliere de chaque maladie, où l'on detailleroit les ſignes qui ſervent à diſcerner chaque maladie & leurs eſpeces, enfin où l'on expliqueroit les diferens pronoſtics qu'on doit former dans chaque cas, & les remedes qu'il faut employer.

Cet Ouvraje ſeroit come le fond ſur lequel tous les Medecins du Roiaume travailleroient pour l'amplifier ou pour le reĉtifier, par les obſervations qu'ils envoyeroient à l'Academie.

2. On pouroit faire un abregé de cet Ouvraje pour les Chirurgiens & Apoticaires de campagne.

3. En

3. En atandant que cet Ouvraje soit fait, il faudra que l'Academie propoze un certain nombre d'experiences à faire sur chaque maladie. Pour faire ces essais legitimement, il faut de la prudence dans le choix des remedes qu'on se propozera d'essayer, & de la capacité pour bien marquer le cas de chaque maladie où l'on croit qu'il convient de l'essayer.

4. On fera imprimer ce Projet d'observations, & on le distribuera dans lez hopitaux & dans lez provinces, afin que chaque Medecin profite dez ocasions qui se prezenteront d'eclaircir la question propofée.

5. L'Academie recevra toutes les observations qu'on aura fait sur les articles de son Projet. Pour faire les essais de tel remede, elle les constatera & travaillera à bien verifier ce qu'on avancera : & quand le fait sera bien constaté, elle fera imprimer la maniere de se servir de ce remede, pour en rendre l'usaje comun.

6. L'Academie recevra outre cela toutes les observations qu'on lui envoyera, autres que celles qui regarderont les articles de son Projèt ; & aprèz

aprèz s'etre affuré qu'elles font vraies, elles les communiquera au Publiq.

7. Quand les articles du Projèt pour effeyer tel remede feront epuifez, elle propozera un autre Projet de nouvelles obfervations à faire.

8. Elle fera acheter par le Roi tous les fecrets qu'on propozera, pourvu qu'elle les trouve utiles; & dans ce cas, elle les comuniquera au Publiq.

9. A chaque edition du Cours de Medecine elle ajoutera ce qu'on aura decouvert ou verifié de nouveau, & elle retranchera ce qui fe fera trouvé faux, ou meme elle marquera ce qui eft faux, afin qu'on ne l'emploie plus.

5.

DROGUES.

Je croi que le plus court moyen feroit de faire verifier, fur les ports de mer, la qualité de toutes les drogues etrangeres qu'on a principalement acoutumé d'alterer. Toutes les drogues qui vienent du Levant entrent en France par Marfeille, & celles qui vienent de l'Amerique font introduites par les ports de l'Ocean : c'eſt à ces endroits-là qu'il en faut faire un examen.

2. Il importe de diminuer le prix des drogues, & pour cela le Roi doit oter toute forte de droits d'entrée à l'egard de tout ce qui eſt utile en Medecine.

3. Il faut que l'Academie, à utilité egale, done la preference aux drogues ſimples ſur les compozées, & aux drogues qui ſont à bon marché ſur les drogues cheres, aux drogues du Roiaume ſur les etranjeres, dèsque l'on ſaura par l'experience qu'elles ont la meme vertu.

4. En ſimplifiant les remedes on rendra la Farmacie plus ſimple, il reſtera cependant toujours pluſieurs compozitions chimiques ou galeniques qui ſeront utiles : & cete conſideration doit obliger l'Academie à doner une Farmacopée, où l'on expliquera la maniere la plus ſimple & la plus ſure de preparer tous les rememedes compozez qu'elle aprouvera, & tous les Apoticaires feront tenus de s'i conformer.

5. Il faudra regler dans chaque pro-

province les Villes où l'on poura trouver chez un ou deux Apoticaires, au moins tous les remedes fimples & compozez que l'Academie autorizera: mais à l'egard de la Campagne, il fufira d'obliger les Apoticaires & Chirurgiens d'avoir un certain nombre de remedes les plus utiles que l'Academie determinera.

6. L'Academie decidera s'il convjent mieux de laiffer à chaque Apoticaire la liberté de faire fes preparations, ou de les oblijer à les prendre d'un Bureau general, qui leur en fourniroit à auffi bas prix qu'il feroit poffible.

Le premier parti oblijeroit à etablir des vizites chez eux pour cez preparationsl, & on peut compter que cez vizites feront toujours mal faites: au lieu que pourvu qu'on leur vende de bones preparations à bon marché, on peut compter qu'ils prendront le parti de lez acheter au Bureau general ; & dans ce cas là on fe pafferoit de vizite, pourvu que lez Comiffaires de l'Academie euffent atantion de veiller fur les Artiftes du Bureau general ; parce que par ce moien

D 5 le

le Publiq feroit fûr de tous lez remedes compofez, & que par l'examen
qui feroit fait fur les Ports de mer, on
feroit fûr des bones qualitez de toutes les drogues fimples.

7. Il faudroit fixer le prix de chaque drogue de telle maniere que l'A-
poticaire gagnat vint pour cent, pour
fe dedomajer des drogues qui fe gate-
roient chez lui faute de debit.

Je croi que la vizite chez les Apoticaires fera encore neceffaire, pour
faire jeter les drogues ou compofi-
tions gatées par le tems ou par la negligence des Apoticaires; & la coruption des drogues ne fera pas fort
frequente, fi l'on fuit le projet que
je propofe; à caufe que les drogues
fimples dont je voudrois que l'on fit
principalement ufaje, ne fe gatent
pas auffi facilement que les compozitions; & à-caufe que les Apoticaires
n'acheteroient de compozitions qu'à
proportion de leur pratique, dez qu'ils
feroient fûrs d'en trouver toujours de
bones à point nommé au Bureau general; au lieu que pour s'epargner la
peine de les renouveler fi tot, il arive
tous les jours qu'ils en font plus qu'il
ne leur en faut.   ECO-

6.

ECOLES DE MEDECINE.

1. Toutes les Facultez du Roiaume feront tenuës de fe conformer pour les faits de pratique, & pour les remedes qu'on propozera, au Livre que l'Academie aura compozé.

2. Que fi quelque Profeffeur croit avoir fait en cette matière quelque decouverte, il la communiquera à l'Academie pour en etre aproúvé; mais il ne s'ingerera pas de rien enfeigner là-deffus à fes Ecoliers, que quand fa decouverte aura été autorizée. Cete regle eft trèz-importante pour entretenir dans la Medecine, d'un coté l'uniformité prouvée par l'experience, & de l'autre l'emulation entre les Medecins, pour faire de nouvelles decouvertes, & pour les faire aprouver par l'Academie.

3. A l'egard de la Téorie on laiffera une grande liberté aux Profeffeurs & aux Auteurs, & ils pouront à leur gré faire des fiftèmes qui puiffent fervir à lier enfemble les diferentes obfervations, & à en mieux conoi-

noire les raports : ainſi le Livre de l'Academie contiendra la Medecine pozitive & pratique, mais les Profeſſeurs & autres Auteurs pouront faire un Cours de Medecine Siſtematique propre pour la diſpute.

7.

CHIRURGIE.

L'Academie fera à l'egard de la Chirurgie, ce que nous venons de dire qu'elle doit faire à l'egard de la Medecine.

1. Elle fera une deſcription claire & decizive de la meilleure maniere de faire chaque operation, & dez meilleurs inſtrumens qu'on devra employer, & de la meilleure maniere de panſer les malades.

2. Outre cete Deſcription generale qui comprendra toutes les operations, on fera un autre Ouvraje qui ne comprendra que les operations les plus ordinaires & les plus neceſſaires pour l'uſaje des Chirurgiens dez petites villes & des bourgs, qui ont ſoin des habitans de la Campagne.

3. On

3. On se conduira sur l'examen des remedes chirurgicaux, come nous avons dit qu'on devoit le faire à l'egard des autres remedes qui sont du seul ressort de la Medecine, & on aura la meme atantion à en verifier la vertu.

4. On ne recevra aucun Chirurgien pour les bourgs de la Campagne, qui ne sache au moins les operations suivantes. 1. La saignée. 2. Tout ce qui regarde les dislocations & les fractions. 3. Le traitement des playes simples. 4. La ponction pour l'hidropizie. 5. Le Trepan.

8.

SUR LE DOCTORAT.

On ne sauroit qu'aprouver infiniment les conseils que donne l'Auteur du Memoire, pour s'assurer du merite de ceux qui se presentent au Doctorat. Le seul moien d'i parvenir est, de ne permetre qu'à trois Facultez du Roiaume de doner des Degrez; mais de les obliger à lez doner *gratis*, afin que l'atrait des émolumens ne les engajeat pas à recevoir des Ignorans.

Ainsi

Ainſi il faudroit que le Roi peyat les frais de l'examen, il faudroit en meme tems ordoner de ne recevoir perſone, à-moins que les Examinateurs ne fuſſent au nombre de huit, & qu'il fut aprouvé au moins par ſix ſufrajes.

Il eſt vrai que pour remedier à ce que l'entetement pouroit faire faire dans quelques ocazions, on pouroit doner à celui qui feroit refuzé un moyen de ſe faire rehabiliter, en ſoutenant en publiq une nouvelle Thèze tout ſeul pendant ſix heures, afin de meriter par ce moien le nombre requis de ſufrajes.

PROJET

Pour rendre les Etabliſſemens des Religieux plus parfaits, c'eſt-à-dire plus utiles au Prochain.

AVERTISSEMENT.

Ce Projèt eſt compozé de quatre Parties. La Première contient des principes Preliminaires ſur l'idée que nous devons avoir de la plus grande Perfeƈtion.

La ſegonde contiendra les Conſequences de ces principes, c'eſt-à-dire les raizons qui doivent determiner le Conſeil à rendre les Etabliſſemens des Religieux beaucoup plus parfaits qu'ils ne ſont, c'eſt-à-dire beaucoup plus utiles à l'Egliſe & à la Société Cretienne.

La Troizième contiendra les Moiens les plus eficaces & les plus faciles, dont le Conſeil peut ſe ſervir pour metre ce Projèt en execution.

La

La Quatrième contiendra des Reponses aux objections, ou dez Eclaircissemens aux dificultez.

PREMIERE PARTIE.

Principes Preliminaires.

Idée de la Perfection.

PErsone ne doute que la plus grande Perfection des Homes, c'est d'imiter l'Etre souverainement parfait autant que l'on peut l'imiter, & surtout come juste & come bienfaizant, *estote perfecti sicut pater vester celestis perfectus est.*

De-là il suit que pour imiter Dieu bienfaizant, nous ne devons dezirer l'augmentation de notre revenu, de notre pouvoir, que pour augmenter le bonheur des autres, & pour en faire meilleur uzaje que nos pareils, voilà un sentiment vertueux. Au lieu que souhaiter l'augmentation de sa fortune ou de ses lumieres, seulement

pour

pour augmenter son propre bonheur, ce n'eſt rien de vertueux, ce n'eſt rien qui merite des louanjes.

Une des premieres loix du Createur, *c'eſt que toutes choſes ſoient auſſi bien aranjées qu'elles puiſſent l'ètre*, Omnia sint ordinatissima. Ainſi pour obeïr à l'Etre parfait & pour l'imiter, il faut que nous ſoïons dans l'ordre. Or ne pas faire juſtice à ſes pareils, c'eſt ètre dans le dezordre.

L'Ordre demande donq *que vous ne faſſiez point contre un autre ce que vous ne voudriez point qu'il fit contre vous, ſupozé que vous fuſſiez à ſa place & qu'il fut à la votre:* Abstine a malo, voilà l'equité, voilà la règle de la juſtice.

Obzervez exaƈtement cète regle le long de la journée, de peur de deplaire à Dieu qui hait le dezordre, & de peur de l'Enfer, en cela conſiſte la Juſtice Cretiene.

Le precepte, Abstine a malo et fac bonum, *ſoïez juſte & bienfaizant*, renferme tous les autres preceptes. On peut dire meme que l'obſervation la plus exaƈte de ce precepte eſt la plus parfaite imitation de

E   Dieu,

Dieu, & par conſequent c'eſt la plus grande perfection où nous puiſſions aſpirer. Car enfin, en devenant tous les jours plus juſtes & plus bienfaizans envers les Hommes, *nous imiterons davantaje l'Etre bienfaizant, & cète imitation ſera par conſequent le culte le plus agreable & le plus parfait que nous puiſſions rendre à l'Etre parfait.*

Il faut encore obſerver que ce n'eſt pas avoir de l'Etre parfait une idée veritable, que de lui atribuer des gouts, des paſſions, des choix indignes d'un Home parfait.

De-là il ſuit que les honeurs & que le culte qui ne plairoient point à l'home le plus parfait que nous puiſſions imaginer, ne peuvent pas plaire à un Etre infiniment plus parfait que l'home.

De-là il ſuit que d'egorjer des oiſeaux, des moutons, des beufs, de les bruler tous entiers ſans que perſone profite de leur mort, n'etant pas un moïen de plaire à l'home le plus raizonable que l'on puiſſe imaginer, mais au contraire etant un moïen de lui deplaire, les ſacrifices ne peuvent pas etre par eux-mèmes un moïen de

plaire

plaire à Dieu qui eſt la Raizon ſu-
prème.

De-là il ſuit que d'egorjer des enfans & des homes pour plaire à Dieu
ou pour l'apaiſer, eſt un culte abomi-
nable par lui-même; car c'eſt regarder Dieu come un Etre extremement
cruel.

De-là il ſuit que les libations où
l'on verſoit à terre beaucoup de vin
ou de liqueurs precieuzes, ſans qu'il
en revint à aucun home aucune utilité, etoient une autre ſorte de ſacri-
fice deraizonable & ridicule; puisqu'il ne faudroit pas ètre un home
fort parfait pour ſouhaiter que ces oiſeaux, que ces moutons, que ces liqueurs fuſſent plutot deſtinées à diminuer les malheurs des pauvres familles, qu'à ètre inutilement conſu-
mées.

De-là il ſuit que ſi l'on propozoit
à un Roi parfait de choizir entre deux
manieres de lui plaire, l'une d'engajer
avec des revenus cent mille homes &
cent mille filles pour chanter jour &
nuit ſes loüanjes; l'autre d'engajer
avec les memes revenus cez cent mille
homes & cez cent mille filles à ſoula-

jer

jer & à faire ſoulajer les pauvres malades, & les autres pauvres dans les
hopitaux , ou à diminuer les maux
de ceux qui ſoufrant diverſes ſortes
de mizeres dans les paroiſſes, ou à inſtruire aux Arts, aux Siences, & à
la Vertu les jeunes garſons & les jeunes filles de ſon Roiaume : En bone
foi peut-on s'imaginer que ce Prince
parfait ne preferat pas de beaucoup
de faire emploïer ces mèmes homes,
& ces mèmes filles, & ces mèmes revenus, à l'entretien d'un plus grand
nombre de bons colèges & de bons
hopitaux , plutot qu'à chanter ſes
loüanges ?

Or ſi nous ſentons qu'un home
tant ſoit peu vertueux aimeroit incomparablement mieux ètre ainſi honoré par ſes ſujets par de bones euvres plutot que par des loüanjes, &
par des prieres chantées & repetées;
pourquoi ne pas penſer au-moins la
mème choſe de l'Etre infiniment parfait ?

§ E-

SEGONDE PARTIE.

Confequences pour perfectioner les Inftituts des Religieux & des Religieuzes.

De-là il fuit que les Religieux & les Religieuzes, & même les Chanoines etant des perfones qui, par la permiffion de la Societé Civile, s'engajent par des vœux folemnels à rendre à Dieu durant leur vie, dans des Comunautez particulieres, le culte le plus agreable qu'ils puiffent imaginer; il eft à-propos que leurs Inftituts aïent pour but de procurer à la Societé Cretiène les plus grans avantajes qu'ils puiffent leur procurer. Or par le bon gouvernement des Hopitaux, des Colèges, des Seminaires, ils peuvent leur procurer de beaucoup plus grans avantajes, que par le chant des Pfeaumes & des Himnes, & par de longues Prières. Donq la perfection de leur etat doit fe tourner vers les Colèges, & vers les Hopitaux, & vers les Seminaires.

De

De - là il ſuit que dans un Etat Cretien bien policé, il faut que la Puiſſance Civile vize à diriger toutes les Societez Religieuzes aux Euvres les plus parfaites, les plus agreables à Dieu, les plus eficaces pour le ſalut, & par conſequent aux Euvres de bienfaizance, telles que ſont celles qui ſe pratiquent par les Religieux qui ont ſoin des Hopitaux, des Colèges, & des Seminaires.

De - là il ſuit que chaque Etat Cretien ne doit plus permetre de recevoir que peu ou point de Novices, dans les Ordres les moins utiles au Prochain.

De - là il ſuit qu'il doit ètre permis aux Membres des Inſtituts les moins parfai s, tant d'homes que de filles, de paſſer dans ceux qui ont ſoin des Hopitaux, & des Colèjes, & des Seminaires, come plus parfaits.

De - là il ſuit qu'il faut reünir peu à peu ſoit aux Hopitaux, ſoit aux Colèges, ſoit aux Seminaires, les maizons des Inſtituts moins parfaits, qui faute de Novices viendront à s'aneantir.

On peut mème ordoner que hors pour les Comunautez dez Colèges

&

& des Hopitaux il ne fera permis de prendre des engajemens pour toute la vie qu'à vint - cinq ans & un jour, qui eft l'age où la Loi permet de vendre ou engajer fes biens ou en dispozer : Et efectivement celui qui renonce à fa liberté & à tous fes biens, doit avoir du moins autant de raizon & d'experience, que celui qui vend partie de ces mèmes biens.

Et aprez tout n'eft - il pas raizonable, n'eft - il pas du bon Ordre Politique & Ecleziaftique de faire en forte que les Religieux emploient leur vie au Culte le plus parfait, aux Euvres les plus meritoires, & qui, *le refte etant egal du coté du motif*, exercent bien mieux, & bien plus utilement, la bienfaizance & la charité envers le Prochain.

Or telles font les Euvres qui regardent la bone education des enfans dans les Colèges, & des jeunes - gens dans les Seminaires, & la bone adminiftration dans les Hopitaux des pauvres, foit malades, foit petits enfans, foit invalides, foit aveugles, foit jeunes perfones à qui les Religieux font aprendre des arts & des

mez

metiers, soit jeunes-gens qui ont bezoin de corection, soit pauvres qui
ont malheureuzement perdu la raizon.

Celui qui passe sept ou huit heures par jour à chanter des Pseaumes
ou à reciter des Rozaires fait de bones Euvres, si par ses talens & par
ses facultez il ne peut faire rien de
mieux pour l'utilité du Prochain,
& s'il n'a nul devoir à remplir. Mais
i a-t-il aucun Cretien de bon-sens
qui ne voie que si un Homme habile
passoit pareilles huit heures à doner
aux jeunes-gens dans un Colège ou
à des Seminaires, des habitudes à la
Justice, à la Patience, qui est une
grande partie de la Bienfaizance, ou
bien à secourir & à soulager les malades, les pauvres & les malheureux, avec la mème intention de
plaire à Dieu, avec le mème degré
d'Amour de Dieu, il ne fit des Euvres incomparablement meilleures,
c'est-à-dire plus utiles au Prochain,
à l'Eglise, à la Societé des Cretiens.
I a-t-il quelqu'un de raizonable qui
ne conviene que ces sortes de bones
Euvres sont en elles-mèmes un culte

bien

bien plus parfait que le chant ou la recitation de longues Prières ; parce que les Euvres de bienfaizance imitent bien plus parfaitement l'Etre souverainement bienfaizant ?

Cète grande confiance que les Fariziens avoient à la grande eficacité des longues Prières, & l'observation scrupuleuze de certaines Ceremonies exterieures, le peu de confiance qu'ils avoient aux euvres de Mizericorde & de Bienfaizance pour plaire à Dieu, font les principales erreurs de ces Juifs qui passoient très-injustement parmi le peuple pour des Saints. Ils ne savoient pas que le dezir de plaire à Dieu etant egal, la grandeur de l'utilité que l'home procure à son prochain, est la vraie & l'unique bone mezure de la Grandeur & de la Sainteté des homes.

L'Intention des Fondateurs anciens des Monasteres & des Chapitres dans des Siecles ignorans, n'etoit-elle pas de faire emploïer les revenus de leurs fondations aux Euvres les plus meritoires, & au Culte le plus parfait, le plus agreable a Dieu, & par consequent le plus-eficace pour eux & pour

E 5

leur

leur posterité, afin d'obtenir après
leur mort une plus promte delivrance
des peines du Purgatoire.

Ainsi n'est-il pas raizonable dans un
Siecle eclairé, n'est-il pas de l'interet
de ces Fondateurs, & de l'interet de
leurs heritiers, n'est-il pas du devoir
du Gouvernement Civil & Ecleziastique, n'est-il pas de l'interet de la Societé Cretiene, de faire emploïer do-
rénavant les revenus de ces Fondations
pieuzes, non suivant les intentions
particulieres & erronées des Fondateurs, mais suivant leur intention ge-
rale; en supozant, ce qui est vrai,
que si ces pieux & ignorans Fondateurs
dans le tems qu'ils vivoient avoient eu
un peu plus de lumieres, ils eussent
expliqué leurs intentions particulieres
come le Ministere, come l'Eglise d'aujourdui les expliquent presentement,
pour rendre le Culte agreable à l'Etre
bienfaizant, & pour préférer à tout
les Euvres de la plus grande Bienfaizance, come les plus parfaites en elles-
mèmes, & comme les plus eficaces
pour obtenir des graces du Ciel?

T R O I-

TROISIEME PARTIE.

Sur les moïens les plus eficaces de former cet Etablissement, & d'executer ce Projèt.

Il feroit affez à-propos qu'il i eut dans un Etat quatre diferens Ordres, & autant de diferens Habillemens de Religieux & de Religieuzes de quatre couleurs diferentes. Chaque Ordre embrafferoit les deux principaux genres de bones Euvres, les Colèges & les Hopitaux, afin de nourir entre ces quatre Ordres une fainte & falutaire emulation, à qui reüffira le mieux chacun pour l'utilité des Fideles, & à qui imitera davantaje la Bienfaizance Divine envers les homes.

Je propoze que ces quatre Ordres aïent leurs Generaux dans chaque Etat, & entierement dependans de l'Etat; car la baze du bonheur d'un Etat Cretien c'eft la tranquilité, & par confequent l'obeiffance entiere à une feule Autorité.

Je propoze que dans chaque Ordre

il i ait des detachemens de Religieux, pour diriger le temporel & le ſpirituel des Religieuzes de leur Ordre. Il eſt à-propos auſſi que le General puiſſe faire paſſer un Religieux ou une Religieuze d'un colege à un autre, d'un hopital à un autre, ou d'un hopital à un colège, ſelon l'utilité publique & ſelon l'utilité particuliere de chaque ſujet.

Il i a encore une ocupation utile à la Societé Cretiene, qui pouroit ètre du reſſort de ces quatre Ordres de Religieux. C'eſt qu'il i a ſouvent dans un Etat des travaux publiqs que l'on ajuje au rabais, come des Colèges, des Egliſes, du Pavé, des Chauſſées, des Ponts, des Ports, des Canaux ou à faire, ou à entretenir. Or ſi dans ces quatre Ordres en i elevoit de bons Ingenieurs, de bons Architeċtes, l'Intendant de chaque Province pouroit les aſſembler, & ajujer l'ouvraje à celui de ces Ordres qui demanderoit le moins.

Le Roi ſeroit ſûr que l'ouvraje ſeroit bon, & que ce que cez Entrepreneurs gagneroient, iroit au profit des Hopitaux ou des Colèges de la Province; au lieu que souvent l'ouvraje est mal fait, peu solide, il coute trop, & la depense excessive est emploïée à enrichir des Fripons, qui se melent de ces travaux publiqs.

Je demanderois que ces quatre Ordres eussent aussi sous leur direction les Sœurs Grizes, & les petites Ecoles de la Campagne.

Les Peïs Cretiens où il n'i a ni Religieux, ni Religieuzes, n'ont pas jusqu'ici pour les Colèges, pour les Seminaires, & pour les Hopitaux, de si grans avantajes, que les Cretiens de la Comunion Romaine ou Tridentine.

Les Religieux dans ce fistème que je propoze, feroient des homes choizis entre ceux qui auroient le plus de prudence, & qui conoissant le mieux leurs plus grans interets, auroient d'un coté plus de terreur de l'Enfer & plus de crainte de deplaire à Dieu, plus de crainte de faire aucune injustice; & de l'autre plus de dezir du Paradis, & par consequent plus d'envie de plaire à Dieu par leurs bienfaits envers leur Prochain.

Ce

Ce ſeroient des homes choizis entre ceux qui n'aïant pas de familles propres, metroient tous leurs ſoins, tantot à ſoulager lez pauvres & lez malades, tantot à inſtruire les enfans, tantot à faire proſperer leur Inſtitut qui leur tient lieu de famille, & qui eſt pour ainſi dire leur famille adoptive; & ils travailleroient tous avec ardeur & avec conſtance, par émulation, pour etre plus utiles à la Societé Cretiene, que les autres Ordres emploïez par l'Etat & par l'Eglize.

Le Publiq auroit d'autant plus de plaizir à doner & à leguer à ces Maizons, qu'il ſauroit que les Religieux & les Religieuzes, lorſqu'ils ſeront dirigez dans l'emploi de leur revenu par les Magiſtrats & par les Eveques, emploiront toujours à la plus grande utilité des Hopitaux, des Colèges & des Seminaires, tout le revenu qu'ils auront, ſans rezerver pour leur propre nouriture & entretien qu'un très-modique neceſſaire, pour etre par leurs epargnes en etat d'aſſiſter un plus grand nombre de malheureux.

Les

Les Particuliers feront d'autant plus portez à laiffer à cez Saintes Maizons quelque chofe par teftament, qu'ils fauront que leur pofterité fera temoin des Euvres journalieres de Bienfaizance qui s'i exercent perpetuelement, & que ces Euvres font bien plus eficaces pour procurer plus promtement aux bienfaicteurs morts la Felicité éternelle, que ne peuvent etre d'autres bones Euvres, qui font bien moins agreables à l'Etre fouverainement bienfaizant.

Il poura ariver qu'un de ces Ordres fera devenu fufizament riche pour la depenfe anuèle dont il eft chargé, & alors les donations & les legs futurs feront deftinez par le Confeil Civil & Ecleziaftique aux Ordres plus pauvres, & egalement dezireux & capables de procurer la plus grande utilité publique.

Tous les gens de bon efprit qui d'un coté conoiffent le peu de conftance des homes & furtout des filles, & qui de l'autre croient qu'il n'eft pas à-propos de s'opozer à la multiplication des Catoliques - Romains, font perfuadez que le Gouvernement ne doit

point

point soufrir d'engajement plus long que pour cinq ans dans les Filles au-dessous de quarante ans, & de dix ans pour les Garsons.

Come il i auroit toujours assez de Relijieux fervens pour le service des Hopitaux, & des Colèges, & des Seminaires, ces Comunautez ne feroient aucune dificulté de doner conjé à un Religieux au bout de ses dix anées d'engajement, qui voudroit quiter la Maizon: Il faudroit par consequent metre dans la formule des vœux & des engajemens, que l'Engajé sera libre ou de sortir ou de renouveler son engajement au bout du terme; afin qu'il n'ait point besoin d'autre Autorité ou Ecleziastique ou Civile, tant pour sortir de la Comunauté que pour i entrer.

La Police Civile & Ecleziastique des Peïs Protestans pouroit à la verité admetre des engajemens des persones les plus touchées de la crainte de l'Enfer & de l'esperance du Paradis, qui font toute la force de la Religion.

Ce seroient autant de Compagnies choizies parmi ceux qui ont plus de foi, & par consequent plus de zèle pour

pour servir la Societé Cretiene, à peu prèz come l'on choisit dans la Profession Militaire, pour les entreprizes dificiles & importantes, les Compagnies de Grenadiers parmi ceux qui dans les Troupes ont le plus de courage pour executer des entreprizes dificiles, qui demandent de la hardiesse, de l'ardeur, de la patience, & de la constance.

Je ne blame pas, j'aprouve fort au contraire les Colèges & les Hopitaux gouvernez par des Seculiers, chefs de familles particulieres, qui parmi leurs pareils ont reputation de grande probité: il en faut pour conserver une sainte & salutaire *emulation* entre les Seculiers & les Reguliers pour la plus grande utilité publique. Mais je panche fort à croire que le Service Publiq sera toujours encore mieux entre les mains des Compagnies Relijieuzes permanentes & immortelles, surtout si l'administration du Temporel sur la depense est dirigée par l'Evèque, & par une compagnie de cinq Magistrats Seculiers.

F

Je

Jé demanderois que par la Formule des Vœux, la perſone qui entre dans une Comunauté puiſſe à l'avenir rentrer dans ſon bien, quand elle ſortira de cète Comunauté. Car enfin eſt-il juſte que pour avoir pris un engajement, & pour avoir ſervi cinq ans ou dix ans la Societé Cretiene, c'eſt-à-dire l'Egliſe & l'Etat, elle ſoit privée toute ſa vie de ſon patrimoine ? Cète ſûreté de pouvoir ſortir à la fin du terme & de rentrer dans ſon bien, produiroit un beaucoup plus grand nombre de Perſones qui deziroient de prendre de pareils engajemens, pour aſſurer davantaje leur ſalut.

Je demanderois auſſi que les Religieux & les Religieuzes puſſent retenir une penſion montant à la moitié de leur revenu, charges peyées, tout le tems qu'ils vivroient dans la Comunauté.

Je ne vois rien en cela que de trèz-equitable, de trèz-raizonable & de trèz-utile pour l'Eglize & pour l'Etat, mais il faut que le Publiq en ſoit averti par une Loi expreſſe.

Je

Je ne desaprouve pas non plus qu'il se faſſe des promeſſes & des vœux pour toute la vie, mais ſeulement après quarante ans. Il eſt vrai que j'aprouve bien davantage lez vœux ou lez promeſſes qui ſe renouvellent au bout de dix ans, ils ſont ce me ſemble bien plus raizonables, c'eſt-à-dire plus conformes a la conoiſſance que nous avons de l'inconſtance humaine. Je demande même que celui qui a dejà paſſé quelques anées dans ſon engajement, puiſſe toujours le renouveller pour dix ans, quand il le jugera à propos; ſoit pour augmenter ſon bonheur dans cete vie, ſoit pour s'aſſurer davantaje & de plus en plus le bonheur de la vie future.

Si les Religieux & les Religieuzes etoient tous ocupez, tous devoüez à rendre ainſi *gratis* ſervice aux pauvres, aux malades, aux malhureux, aux ignorans, aux enfans des riches pour en faire des perſones prudentes, juſtes & bienfaizantes; le monde n'auroit garde de dire que les biens qu'on leur a doné, ou qu'on leur done tous les jours, fuſſent mal employez: le monde ne trouve ces

 re-

revenus mal employez, que lorsqu'ils servent à l'entretien d'une certaine espèce de Cretiens qui ne sont utiles presque en rien aux autres Cretiens. Car enfin n'experimente-t-on pas depuis quinze ou saize ans, que les longues Prières dont ils s'ocupent sont incomparablement moins utiles au soulajement des pauvres, ou à l'instruction des Enfans ou des Seminaristes, que les actions même de soulajement & d'instruction qui sont entièrement dans l'ordre ordinaire de la Providence.

QUATRIEME PARTIE.

Eclaircissemens.

OBJECTION I.

Dieu contemple ses atributs, ses perfections, il s'i complait. Donq pour mieux ressembler à Dieu, il faut contempler les atributs de l'Etre parfait, & preferer la Vie Contemplative à la Vie Active.

R e-

REPONSE.

1. Dieu agit toujours, & fait sans-cesse du bien aux homes, en meme tems qu'il contemple sa puissance, sa sagesse, sa bienfaizance : donq il faut toujours unir l'Action, c'est-à-dire la Bienfaizance à la Contemplation, si l'on veut l'imiter.

2. L'home qui fait du bien aux autres pour plaire à Dieu, pour l'imiter, pense à Dieu & à sa Bienfaizance infinie; & il l'imite bien davantaje, que celui qui laisse son frère malade sans secours, pour ne faire que penser à la Bienfaizance de Dieu.

OBJECTION II.

Dieu me demande de n'etre pas injuste, & de ne pas ofenser mon Prochain, afin d'éviter l'Enfer. Or que puis-je faire de plus prudent, que de me jetter dans une Comunauté où l'on passe huit heures en Prieres, où je ne saurois ètre injuste envers persone, où je ne saurois ofenser persone?

 RE-

REPONSE.

1. Dieu nous comande d'ètre jus-
tes, mais il nous comande en mème
tems d'ètre les plus bienfaizans que
nous pouvons. Or à-moins-qu'un
Religieux ne ſoit ocupé ou dans un
Colège, au dans un Hópital, ou dans
un Seminaire, peut-il avoir autant
d'ocazions d'exercer la Bienfaizance,
que s'il etoit reſté dans le Monde?

2. La Perfe&tion ne ſe contente pas
d'éviter les Injuſtices, elle tend encore à la Bienfaizance & à la plus
grande Bienfaizance. Or dans des
Comunautez où il n'i a ni Colèges ni
Hopitaux, ni Seminaires, coment un
Religieux pouroit-il s'exercer tous les
jours aux Œuvres de la plus grande
Bienfaizance, c'eſt-à-dire les plus utiles au Prochain?

3. Il ne faut pas croire que dans
une Comunauté on ne puiſſe ofenſer
perſone, ni deplaire à perſone. Il i a,
come ailleurs, dez jalouzies, des me-
dizances, des haines, des divizions,
des partis.

4. Dans les Couvents qui ne ſont
deſtinez ni à l'inſtru&tion de la Jeuneſſe,

neſſe, ni au ſervice des Pauvres, on
i ſoufre dez peines, dez auſteritez,
des mortifications, mais elles ne ſont
point utiles au Prochain : au lieu que
les peines que les Religieux & les Religieuzes ſoufrent dans les Colèges,
dans les Hopitaux & dans les Seminaires, ſont trèz-utiles au Prochain.

OBJECTION III.

Vous propoſez pour l'avenir un engajement de cinq ans pour lez filles
& de dix ans pour lez garſons, au lieu
d'un engajement pour la vie. Or pluſieurs Religieuzes quiteroient le Monaſtere à vint ans, beaucoup de Religieux quiteroient le Monaſtere à
vint-cinq ans, au lieu de renouveler
le premier engajement, & cela meme
feroit de l'embaras dans les familles.

REPONSE.

1. Je ne blame pas les engajemens
que l'on fait pour toute la vie, pourvû que ce ſoit à quarante ans : Mais
en general j'aprouve beaucoup davantaje les engajemens qui ſe font à quinze ans ſeulement, pour cinq ans à

l'el'egard des filles, & pour dix ans à l'égard des garsons. C'est pour cela que je propoze ces sortes d'engajemens aux Protestans même, qui desaprouvent avec raizon les engajemens pour la vie, surtout lorsqu'ils se font dans un age où l'on n'a pas une experience sufizante des grans inconveniens de ces sortes d'engajemens de jeunes persones, dont la plupart se repentent trop souvent, trop lontems, & trop tard.

2. La consideration d'un engajement pour la vie, empeche beaucoup de jeunes persones de s'engajer à quinze ans dans les Comunautez Religieuzes: au lieu qu'ils s'i engageroient sans crainte & en grand nombre, s'ils pouvoient penser que ce n'est au plus que pour cinq ans pour les filles, & pour dix ans pour les garsons; sauf à faire un segond engajement, s'ils se trouvent bien du premier. Ainsi ce que la Comunauté perdroit de persones au bout de l'engajement, elle les regagneroit, & au delà, par le plus grand nombre de ceux qui s'engajeroient dez les premieres anées de leur jeunesse pour un tems limité.

3. Co-

3. Comunément ceux qui veulent fortir au bout de leur engajement, ne font plus fi bons Religieux, c'eft-à-dire ils n'ont plus ni tant de crainte de l'Enfer, ni tant d'efperance du Paradis: ils font trop ocupez, trop enivrez des amuzemens & des illuzions de la Vie Mondaine, dont ils ne conoiffent ni les embaras ni les chagrins. Or n'eft-ce pas tant mieux que les Religieux relachez fortent de la Maizon, & qu'il n'i refte que les bons, qui s'excitent fans-ceffe à qui fera plus conftament, plus lontems, & avec plus d'allegreffe, des Euvres de bienfaizance, pour aquerir tous les jours plus de fûreté d'eviter l'Enfer & d'obtenir le Paradis.

4. Tant mieux que les mauvais Religieux fortent de la Societé des bons, de peur que peu à peu les relachez n'infpirent du relachement & des maximes de pareffe & de volupté aux bons, qui foufrent volontiers pour etre plus utiles à leurs Freres: Tant mieux qu'il i ait parmi les Religieux & les Religieuzes une forte de crible, par où le mauvais grain puiffe etre feparé du bon avant que de le corrompre. F 5   5. Les

5. Les Religieux qui ſortent ont
toujours ſervi dix ans les pauvres dans
les Hopitaux, ou les ignorans dans
les Colèges & dans les Seminaires: ils
ont toujours durant dix ans pris de
bones habitudes & de bones maximes, ainſi ils n'en feront que meilleurs Citoyens dans la vie comune.
Il en ſera de mème des jeunes filles,
qui ſortiront des Monaſteres à vint
ans.

OBJECTION IV.

Quand vous propoſez de reünir peu
à peu les fonds des ancienes Abaïes aux
Inſtituts les plus parfaits, c'eſt-à-dire aux plus utiles à la Societé Cretiene, & qui imitent plus parfaitement
la Bienfaizance Divine, vous procurez
à-la-verité une plus grande perfection, mais enfin vous otez quelque
choze aux anciens Religieux.

REPONSE.

1. L'Etat n'otera rien de leur ſub-
ſiſtance aux Religieux anciens, on
leur laiſſe autant de revenu qu'ils en
avoient.

avoient; & meme en leur otant la liberté de recevoir des Novices, on diminue leur depenſe, àinſi on augmente leur revenu. Or qu'i a-t-il de plus equitable que d'oter la liberté de recevoir des Novices aux Inſtituts peu utiles, pour augmenter le nombre des Novices des Inſtituts les plus utiles au Criſtianisme? Et n'eſt-il pas raizonable, n'eſt-il pas du bon Gouvernement Civil & Ecleziaſtique, lorsqu'il s'agit de choizir entre deux Inſtituts pour la Societé Cretiene, de prendre le plus parfait? Ne ſeroit-ce pas au-contraire agir contre l'eſprit du Criſtianisme & de la Perfection de ſuivre une mauvaiſe coutume, qui diminueroit conſiderablement le ſecours des pauvres & des malades, & l'inſtruction ſalutaire des enfans & des jeunes gens dans la Societé Cretiene.

2. Ceux qui de ces Inſtituts peu parfaits & peu charitables envers le Prochain voudront paſſer dans les Inſtituts plus parfaits, auront toujours ſur cet article liberté entière. Or n'eſt-il pas juſte qu'ils i portent leur penſion, pour n'i être pas à charge?

3. L'E-

3. L'Eglize n'aura pas moins de bons Religieux & de bones Religieuzes, au-contraire il n'i aura alors que d'excèlens Religieux & d'excèlentes Religieuzes.

4. Si dans un Roïaume par exemple où il i a plus de quatre-cens Maizons riches ou de Chatreux, ou de Benedictins, ou de Bernardins, qui n'ont point de colège soit dans les viles soit dans les campagnes, tous ces revenus sont reünis dans cinquante ans aux Maizons de ces Ordres qui auront pris le parti d'administrer les hopitaux, les colèges & les feminaires; quel avantaje n'en retirera pas la Societé Cretiene? Car enfin pourquoi une grande partie de ces Benedictins & de ces Bernardins ne se tourneroient-ils pas eux-memes en colèges, en hopitaux, en feminaires, en laiffant mourir doucement ceux qui voudroient demeurer inutiles par raport à la Societé Cretiene? Or combien cète augmentation de ces Etabliffemens nouveaux ne produiroient-ils pas de grans avantajes au Publiq?

Si

Si dans un Ordre il i a un jour des Maizons trop riches pour la depense anuèle, & d'autres trop pauvres, le Conseil General de chaque Ordre ne poura-t-il pas augmenter par des pensions actives le revenu des Maizons pauvres, en diminuant par des pensions passives celui des Maizons trop riches.

5. Si chaque Evèque, au lieu d'ocuper ses Chanoines à une vie peu utile au Prochain, les ocupoit tous les jours à desservir les hopitaux, les petites ecoles, les seminaires, à faire des missions, ne procureroient-ils pas à l'Etat un beaucoup plus grand nombre de bones Euvres, plus saintes, plus utiles, & plus eficaces pour le salut, que de lez ocuper au Chant, aux Instrumens, à la Muzique, & à prier Dieu qu'il multiplie les hopitaux, les colèges, les seminaires, & qu'il les fasse mieux regir qu'ils ne sont?

6. Les Etablissemens humains ne sont pas parfaits, surtout dans leurs comansemens: mais le point principal c'est de comanser à les former, & à tacher d'aprocher dans l'execution

tion le plus prèz du but qu'il eſt
poſſible.

Un bon Plan pour perfeƈtioner les
Inſtituts Religieux etoit neceſſaire,
pour montrer à ceux qui gouvernent
ou qui gouverneront l'Eglize & l'E-
tat, le veritable but où ils doivent vizer, & les grans avantajes tant d'une
excèlente education que d'une excèlente adminiſtration des hopitaux.

7. Ce Plan a l'avantaje de pouvoir
s'executer peu à peu & par parties:
une Ville, une Nation, un Roi en
executera une partie, tandis qu'un
autre en fera executer une autre partie; & à la fin on verra le Plan executé tout entier dans diverſes parties
de l'Eulope: il ne faut plus que du
tems & des conjonƈtures pour faire
naitre ou pour encourajer, en divers
ſiecles, les diferens Promoteurs d'un
ſi grand Projèt.

8. Dèzque les filles à quinze ans
ne pouront s'engajer que pour cinq
ans, cet engajement ne nuira point ou
presque point à la multiplication, &
ſera trèz-avantajeux & aux mœurs de
la fille, & à la famille dans laquelle
elle entrera; & ſi elle devient veuve,
elle

elle poura se faire encore Religieuze, quand ses enfans seront etablis.

9. Ce sera un grand avantaje pour les pauvres filles, de pouvoir etre recuës dezormais sans dot dans ces Maizons Religieuzes.

OBJECTION V.

Le Peuple ignorant ne croit de grans Saints que ceux qui pratiquent de grandes austeritez, qui observent un silence perpetuel, qui lisent peu, & qui n'ecrivent presque rien, qui font des jeûnes trèz-longs, qui prolongent plus que les autres leurs meditations & leurs prieres en chant, qui abrejent plus que les autres les heures de leur someil; le tout au-delà des forces ordinaires de la nature, tels que sont les Chartreux, les Religieux de Sept-Fons, & ceux de la Trape.

C'est la meme idée de Sainteté qu'ont les Peuples ignorans de tous les Peys du Monde, à la Chine, en Tartarie, chez les Siamois, chez les Indiens, & meme chez les Mahometans. Ils ne peuvent pas meme croire qu'il puisse jamais i avoir un Saint

qui

qui mene une vie comune, quelque juſtc, quelque bienfaizant qu'il ſoit dans ſa condition. Il i a de leurs Saints qui ont tenu ſi lontems de ſuite leurs bras elevez en l'air avec de longues prières pour obtenir des graces de Dieu, qu'il leur eſt devenu impoſſible de les baiſſer, & de s'en ſervir meme pour manger.

Or ne faut - il pas reſpeﬅer les opinions populaires quoique fauſſes, quoique fondées ſur des erreurs grosſieres, & ſur des idées trèz-imparfaites de l'Etre Parfait.

Il paroit donq à - propos de conſerver les Moines de la Trape, les Chartreux, quoique les moins bienfaizans de tous les Religieux envers le Prochain ; quand ce ne ſeroit que pour pouvoir montrer aux Aziatiques, que nous avons nos Saints auſſi auſtères que les leurs.

R E P O N S E.

Cète erreur du Peuple qui met la plus grande Sainteté ailleurs que dans l'exaﬅe obſervation de la Juſtice, & dans la pratique la plus etenduë de la

Bien-

Bienfaizance pour plaire à Dieu, doit être regardée come une erreur trèz-pernicieuze au Peuple même par deux confiderations.

La premiere, c'eſt que tous ceux qui afpireront à la Sainteté des Sains peu bienfaizans chercheront à leur reſſembler, & negligeront ainſi la plupart des devoirs de la Bienfaizance : ainſi leurs Parens, leurs Voiſins, leurs Citoyens, en recevront beaucoup moins de bienfaits & d'utilité.

La fegonde, c'eſt que le Peuple negligera une grande partie des devoirs de la Juſtice & de la Patience qu'il doit au Prochain, pour avoir recours à des Prieres, à des Jeûnes, à des Pelerinajes, qui ne ſauroient jamais reparer fes Injuſtices : ainſi la moitié du Peuple en eſt moins juſte, & moins bienfaizante envers l'autre moitié.

De-là il fuit que la Societé Cretiène en fera & moins heureuze, & moins vertueuze.

De-là il fuit que les Cretiens doivent au-contraire fe diſtinguer des Religions Humaines par des opinions plus raizonables fur la Sainteté, c'eſt-à-dire fur la meilleure maniere d'imi-

G
ter

ter l'Etre Parfait, & sur les moïens les plus eficaces pour le Salut.

De-là il suit que ceux qui gouvernent l'Etat & l'Églize doivent vizer à engajer les Religieux à jeter eux-mèmes une sorte de mépris sur ces Religieux inutiles au Prochain. Ils n'ont pour cet effet qu'à statuer qu'aprèz quarante ans de service dans un Colège ou dans un Hopital, & lorsque par le grand age l'esprit & le corps comancent à n'ètre plus propres au travail, ils auront la liberté de vivre en Chartreux come des fainéans sequestrez dans de petites celules, & passer leurs jours dans le silence, & dans des austeritez inutiles pour eux & pour leur Prochain.

Il sufira que dans la Comunauté on les regarde soit come des invalides & des imbéciles; soit come des gens peu raizonables, qui aiment plus la singularité & l'oisiveté que la veritable Sainteté; soit enfin come des persones qui ont plus de dispozition au Fanatisme & à écouter leurs vizions, qu'à pratiquer des chozes raizonables & utiles au Prochain.

Au-

Au-reste je suis persuadé que le Gouvernement doit toujours procéder lentement, & par degrez, à détromper le Peuple de ses erreurs. Il seroit contre la prudence de vouloir executer dans un seul Règne, ce qui ne peut s'executer que dans la suite de plusieurs Règnes. Il faut que les Erreurs dans lez Religions qui se sont établies lentement dans tout un Peuple, puissent aussi se dissiper lentement, doucement & par degrez; car sans une grande lanteur & une grande douceur on courroit risque de soulever les Fanatiques ignorans, & les Imposteurs ambitieux, qui pouroient s'aider de l'ignorance & de la credulité du Peuple pour troubler l'Etat.

Heureuzement il n'i a pas à craindre que l'esprit de la Vraie Religion, qui ne prêche que la Justice & que la Bienfaizance, chagrine jamais les Peuples en uzant de persecution envers lez Ignorans opiniatres qui voudroient defendre leurs erreurs. La Vraie Religion sait attandre, & n'uze jamais que de douceur, de tolérance & d'indulgence.

OB-

OBJECTION VI.

Les Ceremonies exterieures, le chant, la muzique, les habillemens respectables, la decoration des Autels, les imajes, les statuës des Saints, tout cela sert à imprimer du respect au Peuple pour la Religion. Il faut pour le Peuple beaucoup d'exterieur dans tout ce qui regarde la Religion. Or le Chant qui se continue dans les Eglizes tout le jour & toute la nuit par des Chanoines, par diferens Religieux & par diferentes Religieuzes, done du respect au Peuple. Les Religieux ne doivent donq pas preferer le service des Pauvres, & la bone education de la Jeuneffe, au service du Chœur.

REPONSE.

1. La consequence n'est pas juste ; car on peut conserver du Chant dans les Eglizes Paroiffiales en faveur du Peuple, sans en conserver que peu chez quelques Religieux & chez quelques Religieuzes.

2. Les

2. Les Sermons qui font conoitre aux Auditeurs les diferens devoirs de leurs diverfes conditions, qui leur infpirent la crainte d'i manqüer par la crainte de l'Enfer, qui leur donent le dezir de pardoner & de faire plaizir au Prochain par la promeffe du Paradis, font beaucoup plus utiles au Peuple pour faire craindre Dieu & refpecter la Religion, que n'eft le Chant des Eglizes. Donq les Sermons font preferables, lorfqu'il s'agit de choizir. Or dans l'afaire prezente, il ne s'agit que de choizir entre le plus ou le moins d'utilité du Prochain.

3. Si les Turcs, dans une Religion purement humaine, n'ont point bezoin de l'exterieur du Chant pour refpecter leur Religion, à plus forte raizon nous n'en avons pas bezoin pour refpecter la nôtre ; furtout lorfque nous ferons bien perfuadez par nos Curez & par nos Religieux, que l'obfervation exacte de la Juftice, & la pratique frequente de la Patience & des autres parties de la Bienfaizance envers le Prochain pour plai-

re à Dieu, sont les pratiques les plus eficaces pour obtenir le Salut.

4. J'ai remarqué que les Turcs dans leurs Livres de Pieté parlent bien plus souvent des Injustices punies en Enfer, & des Bienfaizances recompansées en Paradis, que nous dans les nôtres. Cez idées sont plus liées chez eux, qu'elles ne le sont chez nous. Nos Curez devroient repeter plus souvent au Peuple la liaizon de ces idées; car elles ne se lient bien etroitement ensemble, comme toutes nos opinions, que par une longue habitude d'actes souvent repetez.

5. Rien ne rend la Religion plus respectable que le souvenir perpetuel de la Segonde Vie, & de l'Immortalité de l'Ame. Telle est la plus grande & la plus intarissable source de notre respect pour la Religion : il augmentera a-proportion de ce frequent souvenir, & à-proportion de la liaizon des idées des Punitions Eternelles avec lez idées des Injustices, & de la liaizon des idées de Recompenses immanses avec les idées de Bienfaizance.

Pour

Pour mener les homes vers leur Bonheur, il faut toujours Crainte de grande Punition, & Dezir de grande Recómpenſe.

DISCOURS

contre le

MAHOMETISME.

PREFACE.

JE me trouvai un jour en conversation avec un Homme de qualité savant pour sa profession, mais d'un esprit peu solide, & un peu prevenu en faveur du Mahométisme. Il se conoissoit en Astrologie Judiciaire, il avoit foi aux prédictions, il en fezoit lui-même : mais ce qui me surprenoit le plus en lui, c'est que ne croïant pas vrayes beaucoup de chozes merveilleuzes que nous croïons tous, il en croïoit d'encore plus merveilleuzes que nous ne croïons point-du-tout.

Il vantoit fort, par exemple, le Mahometisme; il etoit persudé que Mahomet etoit un vrai Profète inspiré miraculeuzement, & soutenoit

que

que l'Etabliſſement du Mahometisme
etoit entierement miraculeux. Ce fut
ſur cete derniere opinion que je l'a-
rètai, nous diſputames un peu, & le
lendemain je mis par ecrit quelques
obſervations ſur ce ſujet; les voici.

I.

Je ne diſconviens pas qu'une Religion pleine de Fables abſurdes, qui
s'etablit par un home qui ne ſavoit ni
lire ni ecrire, qui en vint-deux ans
eſt reçûe dans un Peys auſſi etendu
que la moitié de l'Europe, & qui dure depuis mille ans en Azie, en Afrique & en Europe, ne ſoit un Evenement prodigieux pour un Lecteur qui
ne conoitra ni l'ignorance des peuples de ce Peys-là, ni les ſuccez que
Mahomet & ſes Succeſſeurs ont eu
dans leurs guerres, ni les autres circonſtances de cet Evenement. Mais
je ſoutiens que pour quiconque ſait
les circonſtances de cete Hiſtoire, non
ſeulement cet Evenement n'a rien de
prodigieux; mais qu'atandu cez circonſtances, il etoit moralement impoſſible que l'établiſſement, le pro-

grez & la durée de cete Religion, n'arivaffent pas de la manière dont ils font arivez; & qu'ainfi ce ne font que des effets fimples, & des fuites trèz-ordinaires de caufes purement naturelles.

Il eft bon de remarquer que les grandes Revelations & les autres Evenemens humains ne font pas en euxmemes prodigieux: il eft vrai qu'ils paroiffent neceffairement tels aux Lecteurs, lorsque l'Hiftorien, foit par ignorance, foit par artifice, fuprime les faits principaux qui ont precedé ou acompagné cez Evenemens. Car le recit de tous ces faits racontez dans leur ordre naturel, fans ometre aucune des circonftances inportantes, nous montreroient lez veritables cauzes trèz-fimples & trèz-neceffaires des plus grans Evenemens, & feroient ainfi difparoitre le merveilleux.

Il n'i auroit pas meme du prodigieux dans les Evenemens naturels & fiziques pour les gens d'efprit, s'ils conoiffoient tous les faits & toutes les circonftances qui ont precedé & acompagné le prodige; & quand ils

ima-

imaginent les faits qui ont dû cauzer cez evenemens, ce ne font plus pour eux des prodiges.

Une des habiletez des Hiftoriens c'eft de jeter d'abord le Lecteur dans le merveilleux, en lui expozant d'un coté de foibles comancemans, & en lui expozant tout d'un coup de l'autre des effets qui ne le furprenent, que parce qu'ils lui ont fuprimé les faits du milieu. Or les faits qui precedent font en morale, ce que font des rouës qui s'engrainent les unes dans les autres dans une machine, dont les effets nous paroiffent furprenans : que l'Ouvrier nous faffe remarquer cet engrainement de rouës, il fait ceffer notre furprize.

Si l'Hiftorien aprèz nous avoir cauzé le plaizir de l'admiration d'un Evenement prodigieux, & après nous avoir laiffé dans l'embaras d'en deviner les cauzes, nous tire par degrez de cet embaras, en nous developant peu-à-peu les veritables cauzes de l'Evenement qui nous avoit etoné; il nous procure une efpece de plaizir, que nous trouvons quand on nous dit le mot d'une Enigme que nous avions

cher-

cherché inutilement. L'Admiration
eſt un plaizir; & l'acquiſition de quelque nouvelle connoiſſance qui fait
ceſſer cete admiration , eſt un plaizir d'une autre eſpece : mais revenons
à l'explication naturelle de l'etabliſſement du Mahometiſme.

I I.

Mahomet fut quelque tems fanatique de bone foi. Il n'etoit pas etonant qu'un jeune Ignorant d'une imagination vive devint fanatique dans
ſes voïages & dans ſon comerſe avec
les Juiſs, & environé de fanatiques
trèz ignorans: & ſi tous les homes,
ſurtout dans les Peys chauds, naiſſent
avec de grandes diſpozitions à craindre & à eſperer beaucoup ſans grand
fondement, Mahomet avoit cete dispozition à un plus haut degré qu'un
autre: ainſi il comença par etre fanatique de bone foi, & l'on vera qu'il
n'auroit jamais reüſſi à perſuader ſa
fame, ſes parens, ſes voizins, de la
verité & de la realité de ſes vizions,
s'il avoit comancé par etre impoſteur:
il faloit qu'il fut lui-meme etoné des
apa-

iparitions d'un Ange en fonge, pour
faire naitre un pareil etonement dans
l'imagination des autres. Il fut le
premier trompé, & il n'en fut que
plus propre à tromper les autres. Il
eſt vrai qu'il fut enfuite detrompé,
& qu'il fe garda bien de detromper
les autres. Ainſi de fanatique il devint impoſteur, pour metre à profit
les erreurs où il les avoit fait tomber.
Or il n'i a rien là de prodigieux.

I I I.

Nous avons de la Nature une grande diſpozition à efperer des evenemens
hûreux que l'on nous anonce, & à
craindre des malheurs que l'on nous
prédit. Cète diſpozition naturelle
doit augmenter 1. à-proportion de
l'ignorance de l'Auditeur. 2. A-proportion que l'imagination du Fanatique qui nous parle eſt forte, c'eſt-à-
dire à mezure qu'il eſt eloquent. 3. A-
proportion que l'opinion du Credule
eſt entretenue par des habitudes de
l'enfance, longues, frequentes, con-
tinuelles. 4. A mezure que cete o-
pinion eſt fortifiée par les exemples
jour-

journaliers de ceux qui nous enviro-
nent . 5. A - proportion qu'elle eſt
fortifiée par la chaleur du climat, &
par le regime de vivre. 6. A - proportion que les chozes anoncées prometent de grans biens, ou menacent
de grans maux. Or Mahomet pouvoit - il anoncer à ſa fame & à ſes
parens de plus grans biens que ceux
d'un Paradis delicieux & eternel, &
de plus grans maux que ceux de l'Enfer? Pouvoit-il lez anoncer à des homes plus ignorans que les Arabes? I
avoit-il parmi eux quelqu'un plus eloquent que lui? Le climat n'eſt - il pas
fort chaud, & par conſequent les
imaginations plus vives?

I V.

Nous ſomes acoutumez dez l'enfance à croire ce que nous entendons
dire. 1. Parceque le plus ſouvent
nous eprouvons, par notre propre experience, que l'on nous a dit vrai.
2. Parceque nous ne pouvons pas
avoir vû nous-memes rien de ce qui
s'eſt paſſé avant notre naiſſance, ni
les chozes qui ſe ſont paſſées durant

le

le cours de notre vie, dans les lieux où nous n'avons pu nous trouver.

Cète Difpozition à croire les chozes vizibles, porte encore les homes groffiers à croire les Etres invifibles. Nous voïons que, dez ces fiècles les plus anciens, l'opinion de Subftances fpirituèles invizibles, les unes bienfaizantes, les autres malfaizantes, & quelques-unes faifant tantot du bien tantot du mal aux homes, etoit etablie parmi les habitans de l'Azie les plus ignorans: & la choze n'eft plus furprenante, quand l'on reprezente ces Subftances come pouvant faire à l'Ignorant à qui on parle & beaucoup de bien & beaucoup de mal, & furtout lorsqu'on lui raconte des faits terribles, dont celui qui fait le recit paroit lui-mème effrayé.

Cez Peuples croïoient meme dautant plus aizément l'exiftence des Mauvais Genies, que la peur ou l'esperance que les Hiftoires qu'on leur en faizoit excitoienr en eux, etoit vive & grande : mais la peur fait plus d'impreffion, parceque les grandes douleurs font bien plus fenfibles que les grans plaizirs ne font dezirables,

par-

parceque felon quelques Filofofes les
biens pouroient bien n'etre la plupart
que des ceffations fubites de grandes
douleurs.

Cète Difpozition à craindre, & par
confequent à croire l'exiftence des
Génies Malfaizans, eft fi grande dans
l'imagination des enfans, & ces premieres terreurs durent quelquefois fi
lontems dans les homes faits, que l'on
a vû Hobez, un Filofofe Anglois qui
traitoit lui-mème de pures vizions
les contes d'Efprits, & qui les metoit
au nombre des fables de Tantale,
d'Ixion, & des Danaïdes : on l'a
vû, dis-je, fi facile à epouvanter,
& craignant tellement les pretendus
Fantomes nocturnes, qu'il avoüoit
de bone foi que les contes effrayans
d'Efprits & de Revenans qu'il avoit
entendu faire à fa gouvernante, qui
s'en effrayoit elle-meme en les con-
tant, lui avoient fait tant de peur &
tant d'impreffion, que durant toute
fa vie, qui a duré plus de quatre-vint-
dix ans, il n'a jamais pu fe refoudre
à coucher feul la nuit dans une chambre ; car pour le jour, il avoit affez de
couraje pour i demeurer feul. Et
nous

nous en avons vû dont l'imagination
étoit moins blessée que la sienne, à
qui un chien dans leur chambre sufizoit pour ne se pas effrayer du silence
& de la solitude de la nuit, & pour
calmer leurs terreurs paniques.

V.

L'Imagination dans les Peys chauds
represente plus vivement les biens &
les maux avenir ; & quiconque par
son éloquence a le talent de peindre
vivement aux Ignorans de grans maux
à craindre, a le pouvoir de les leur
faire croire: & ce qui est surprenant,
mais cependant trèz-réel, la preuve
est sufizante si le mal est sufiza-
mant grand, & si la peinture est sufi-
zamant vive. Or ce que nous
éprouvons nous qui somes dans un
Climat froid, les Arabes le sentent
beaucoup plus que nous, eux qui vivent dans un Climat beaucoup plus
chaud.

V I.

L'Imagination d'un Arabe beaucoup plus vive que la nôtre, doit auſſi faire ſur lui un effet plus grand dans ſes ſonges, qu'à nous dans les nôtres ; il doit avoir des vizions, lorsque nous n'avons que des ſonges. Nous avons des homes, & ſurtout des femmes, qui dans leur jeuneſſe ont une imagination ſi vive, que dans certains jours leurs ſonges font ſur eux presque le meme effet que des realitez ; & s'ils ſont ignorans, ils doutent quelquefois ſi c'eſt ou ſonge ou realité.

J'aurois du panchant à croire que ceux qui ont une imagination ſi vive, ont auſſi plus de ſenſibilité ; car l'imagination n'eſt gueres en nous que le ſouvenir & l'imaje de ce que nous avons ſenti. Or ſur ce pied-là les homes d'une imaginatien comune parmi les Arabes, ſont come nos homes d'une imagination trèz-vive : mais nous n'avons rien en ce Pais-ci, qui nous puiſſe reprezenter un home d'une imagination trèz-vive parmi les Arabes-memes.

Leur

Leur imagination leur doit doner
plus souvent qu'à nous des vizions
qui aprochent fort des vizions frenetiques, cauzées par cète forte de fievre qui se forme dans les esprits animaux : vizions que ceux qui en sont
malades, sont come forcez de prendre
pour realitez.

Ces reflexions portent à croire que
la Region la plus propre à la formation des diferens Fanatismes, c'est la
Region qui, tout etant egal, est la
plus echaufée par le Soleil. Les Peys
où l'imagination est la plus vigoureuze, & l'ignorance plus profonde
& plus comune, les opinions extravagantes des Peys chauds peuvent
meme facilement de proche en proche s'etablir par contagion jusques
dans les Peys froids, pourvû qu'ils
soient peuplez d'habitans très-ignorans : & efectivement on a vû des Ma-
hométans jusques dans le Nord de
la Tartarie, dèz le tems de Cingiskan.

V I I.

Les homes eloquens, d'une imagination forte & vigoureuze, impozent

 fort

fort aux imaginations plus foibles, furtout quand eux-memes font les premiers feduits par leur propre imagination. C'eft cete puiffante faculté qui combat, fi fouvent & avec tant de fuccez, contre la raizon.

Un Filozofe Cartezien de notre nation a le premier comencé à bien diftinguer les effets de l'Imagination, des effets de la pure Intelligence. Il a comencé à decouvrir une partie des forces de l'Imagination, mais je croirois volontiers qu'il n'a fait que comencer; & il i a de ce coté-là une infinité de belles decouvertes à faire, qui feroient trèz-importantes au Bonheur des homes. Il nous a le premier decouvert la difpozition organique des homes à recevoir les uns des autres le Bien par imitation, & le Mal par contagion : mais il i a encore, de ce coté-là, beaucoup de chozes trèz-importantes à decouvrir.

L'effroi d'une perfone effrayée nous effraye, il paffe en nous quoique moins fort ; & fi elle fuit par une peur panique & fans fondement, elle nous imprime fa meme peur, & nous entraine dans la fuite, fans nous avoir
doné

doné d'autre raizon, que de nous avoir paru fort effrayée.

Ce grand Filozofe nous a montré ce que peut une imagination bleſſée de la folie des Sorciers, mais il n'a pas tiré de ſon principe un nombre prodigieux de concluzions & d'aplications trèz-inportantes. Il ne nous a pas mème expliqué ce qu'il i avoit ou de pur fanatisme de bone foi, où de veritable impoſture, dans les jeunes filles que l'on nomme poſſedées.

Il devoit bien nous expliquer les diferens ſimptomes du fanatisme des Quakers de Londres, & des premiers Anabatiſtes. Il nous a ouvert une bone metode, mais il a neglijé d'en faire toutes les aplications poſſibles, & meme les plus importantes, & il a fait en cela deux fautes conſiderables : la premiere, c'eſt qu'il les eut beaucoup mieux faites que ſes Disciples, parcequ'il avoit ſon ſiſtème beaucoup plus prezent & plus entier dans l'eſprit : la ſegonde, c'eſt qu'en faizant lez diterentes aplications, il auroit lui-meme, en pluzieurs oca-

            zions,

zions, rectifié son sistème par diferentes distinctions.

Un Quaker que l'on vient de voir de sens rassis, & que l'on vient d'entendre raizoner de bon sens sur son comerse & sur les afaires ordinaires de la vie, se sent saizi d'un accez de Fanatisme ; il s'etone, il craint, il inspire son étonement & ses craintes à ceux qui le voient ; mais, dans la règle des mouvemens, la surprize & la crainte qu'il imprime à des persones qui ont une dispozition organique semblable à ·la sienne, ont quelques degrez de moins que les siennes. Ceux qui faute d'avoir les organes montez à l'unisson de ces Fanatiques, ou qui ne sont pas si ignorans, ne se trouvent point saizis des memes mouvemens frenetiques & contagieux : aussi ne font-ils nule dificulté de regarder ces mouvemens come des accez de folie, tandis-que ces fous se croient lez seuls sages ; parcequ'ils croient folement que ce qu'ils imaginent, c'est Dieu qui le leur inspire alors par miracle.

VIII.

VIII.

Mahomet, dans les voyages neces-
faires pour fon comerfe, avoit fouvent
fejourné & converfé parmi les Cretiens, & les Juifs de Syrie & d'Arabie :
fa Religion paternelle etoit elle - meme un compofé groffier de l'Ancien
Paganisme & du Judaïsme.

Il a de tems en tems des fonges
vifs fur la Religion, il croit parler dans fes fonges à l'Ange Gabriel,
qu'il avoit ouï nomer avec admiration & avec refpect, tant aux Juifs
qu'aux Cretiens. Il imagine en fonge
que l'Ange lui montre les erreurs des
habitans de la Mèque, la ville de fa
naiffance, & lui decouvre dans des
fonges repetez, que la feule bone voie
pour eviter l'Enfer & obtenir le Paradis, eft de renoncer à l'Idolatrie,
d'obferver la Juftice, de faire des
Aumones, des Jeûnes & des Pelerinajes. Voilà Mahomet qui croit lui-
meme à fes fonges come à des revelations que lui fait l'Ange Gabriel, &
le voilà devenu fanatique de bone
foi.

Il comunique simplement à sa fame Cadiga, & à quelques-uns de ses proches, ce que lui a dit l'Ange Gabriel. Quelques-uns s'en moquent d'abord, mais il croit avoir toujours des converfations avec l'Ange; & come il i avoit du vrai & du vraifemblable dans les difcours de l'Ange, enfin il comence à croire que l'Ange lui parle. Ainfi Mahomet avec une grande eloquence toute naturèle, & avec le fecours de fon propre etonement, il etone, il perfuade fa fame, & quelques-uns de fes parens, tous encore plus ignorans que lui, il leur perfuade qu'il i a du merveilleux dans les aparitions de l'Ange Gabriel. Ainfi voilà de purs fonges, qui devienent parmi cez ignorans des revelations divines; les voilà qui fans i penfer devienent fanatiques par contagion, & capables eux-memes d'etoner d'autres ignorans, & de produire d'autres fanatiques par leurs recits; & cela à cauze de la comune ignorance où ils font des effets de l'imagination dans les fonges, & parceque le Fanatisme eft une maladie trèz-contajieuze entre ignorans.

Ce-

Cependant come ils ne vouloient
pas paſſer pour fous, ils conviènent
de garder le ſecret des revelations de
Mahomet, & de ne les decouvrir
qu'à gens qui pouroient i avoir foi;
ainſi ce Fanatisme devient naturèlement miſterieux. Or le miſtère i
ajoute une nouvelle force, parcequ'il
eſt à couvert de la contradiction &
de la moquerie, & reſſerré entre per-
ſónes toutes malades de la meme maladie, & qui s'i fortifient mutuèlement.

I X.

Il eſt vraiſemblable que ce Fanatisme de bone foi, que cete Maladie
de vizions, ne dura que quelques anées
dans Mahomet. Ces ſortes de Maladies ont coutume de diſparoitre à-
mezure que le bon-ſens, l'experience & la raizon croiſſent, & à-mezure que l'on rencontre des contradictions: mais il eſt egalement vraiſemblable que Mahomet voyant les effets
utiles que cete eſpece de folie lui
avoit produit, & la grande confiance
que les autres avoient pris en lui, ju-
gea qu'il faloit faire ſemblant d'avoir

toujours des converfations avec l'Ange Gabriel, tant pour agrandir fa reputation & fa fortune, que de crainte de paffer pour avoir été fou & vizionaire durant quelques anées.

Il ceffa donq alors d'etre veritablement fou, & fanatique de bone foi :
mais en difant & foutenant qu'il etoit
toujours infpiré de Dieu, & eclairé
par les converfations de l'Ange Gabriel, il comença d'etre menteur &
impofteur, & refolut de continuer
fon impofture pour reuffir dans les
deffeins ambitieux qu'il comença de
concevoir, & de profiter ainfi de la
maladie de ceux qu'il avoit rendus malades .

Je fuis donq perfuadé que Mahomet
a eté d'abord le premier trompé par
fes vizions, c'eft-à-dire le premier
malade; parceque fa maladie n'eut
jamais été contagieuze, fi elle n'eut
été maladie. Il faut trop d'efprit pour
faire fentir, pour faire croire ce que
l'on ne fent point, ce que l'on ne
croit point : & ni Malebranche que
je viens de citer, difciple de Defcartes,
ni Defcartes lui-mème, qui furpas-
foient Mahomet cent-mille fois en

lu-

umieres & en conoiſſances , n'auroient jamais eu aſſez d'eſprit pour
perſuader l'ignorante Cadiga des revelations de l'Ange Gabriel, ſubſtan-
ce qui lui etoit abſolument inconuë:
mais Mahomet ignorant, malade de
vizions, fait facilement avec ſa maladie contagieuze, & avec la diſpozition machinale de Cadiga & des autres ſeduits avec le ſecours de l'ignorance & des prejujez, ce que Descartes n'auroit jamais pu faire avec
ſon grand eſprit, faute d'etonement
& de crainte.

X.

L'illuzion du Fanatisme a cela de
naturel, que c'eſt un compozé de contradictions. Ces ſortes d'ouvrajes de
l'Imagination n'ont presque jamais
rien de bien lié, de bien ſuivi, de bien
conſéquent dans leurs parties: ils n'ont
rien qui ait la ſolidité & la durée des
ouvrajes de la Raizon, dont les parties ſont toujours exactement liées enſemble.

Il eſt vrai que les bons Fanatiques
ne ſont pas effrayez du peu de liaizon,

zon, ni meme des difpozitions & des
contradictions de leurs opinions, furtout quand dèz l'enfance ils i font-
acoutumez : mais lorsqu'ils rencon-
trent dans des perfones de bon fens
des contradictions, ils comencent alors
à foubfoner d'erreur & d'illuzion ce
qu'ils avoient pris jusques - là pour des
veritez conftantes. Et tel fut Mahomet qui, tandis - qu'il etoit Fanatique
de bone foi, fe croyoit Profete; & qui
dezabuzé, voyant que fon Faratisme
lui etoit devenu fort avantajeux à lui
& à fa famille, continua à le debiter.
C'eft ainfi que de la profetie illuzoi-
re, il paffa à l'impofture réelle.

Tels furent pluzieurs d'entre les
premiers difciples de Mahomet, ils re-
conurent tous facilement l'illuzion :
mais come ils fe trouvoient intereffez
à foutenir & à fortifier ces illuzions,
loin de nuire à Mahomet dans fes des-
feins, & voyant qu'il i avoit du bon
& du vrai dans fes maximes, loin de
le contredire publiquement, ils s'ata-
cherent à fa fortune naiffante, & fe
fervirent au - contraire de toutes leurs
forces, pour lui attirer de nouveaux
difciples, de nouveaux fujets, &
pour

our profiter des fuccez de fa for-
une.

On cherche toujours à etre plus
iche, plus confideré, plus honoré,
ainfi on en revient toujours à la Nature; *Naturam expellas furcâ, tamen us-*
què recurret. Il eſt vrai qu'il faut pour
cela uzer de tromperie, mais la plupart des homes i font entierement
difpofez, quand la tromperie tend à
rendre les autres plus juſtes & plus
bienfaizans, quand la tromperie eſt
innocente, & quand elle eſt fort utile aux trompeurs. Ce ne font pas dez
difpozitions fort vertueuſes, maiſ
c'eſt la Nature toute pure & toute comune.

Tel fut Abubeker, un des beaux-
peres du Profète; car voyant Mahomet dire quantité de reveries & d'extravagances, dans un accez de fievre
de la maladie dont il mourut, il fit
fermer la porte à tout le monde, de
peur que lez Fanatiques de bone foi
n'en fuſſent ſcandalizez, & ne le regar-
daſſent come Profète. Ce fut lui qui
pour perfuader que Mahomet etoit
vraiment mort, fut obligé de citer
un endroit de l'Alcoran, dans lequel
Ma-

Mahomet parloit de sa mort future.

Tel fut Abulsofian, Comandant General de la ville de la Mèque son enemi declaré, qui se voïant vaincu alla
trèz-habilement dire à Mahomet qu'il
voïoit prezentement par lez succcz
miraculeux de ses armes qu'il étoit le
Profète de Dieu, & qu'il abjuroit ses
erreurs pour se soumetre à sa Religion.
Il gagna par cete habileté la confiance de Mahomet, qui ne lui ota aucune partie de ses biens, & qui lui
en dona meme de nouveaux. Il servit
bien Mahomet, & se trouva bien de
son hipocrizie.

Tel fut Melec, un autre Chef de
ses enemis, à qui il rendit tous ses
biens. Pluzieurs de ses disciples sen-
toient bien que Mahomet n'etoit
qu'un home come eux, mais come
ils voyoient d'un coté que le fond
de sa Religion etoit raizonable, &
portoit les homes à la Justice & à la
Bienfaizance ; & que de l'autre ils
pouvoient devenir plus riches en le
pronant come Profète, il ne faut pas
s'etoner si pour favorizer son impo-
sture ils devinrent eux-memes imposteurs.

XI.

XI.

Voici donq en abrejé les cauzes de l'établiffemant du Mahométisme.

1. L'imagination du premier fanatique plus fufceptible de vizion, d'aparitions, de fonges fievreux, que les autres Arabes. Il etoit d'un coté trèz-difpozé au Fanatisme, & de l'autre trèz-capable d'Eloquence; car les perfones d'une imagination vive, ont une grande difpozition à l'Eloquence & à la Poëzie.

2. L'imagination des Arabes plus forte & plus vigoureuze, que celle des Nations du Nord.

3. L'imagination de Mahomet forte entre celle des Arabes.

4. Ses voïages & fes converfations avec des Cretiens & des Juifs, lui remplirent l'imagination d'un plan confus de Religion.

5. Il i avoit plus de raizon dans fon fiftème de Religion, que dans celui des Arabes, la plupart vrais idolatres. Ils croïoient à-la-verité un Dieu Suprème, mais ils croïoient auffi une infinité de Petites Divinitez males & femelles, parmi lesquelles ils

ado=

adoroïent Adam, Abraham &c. Or
à la longue la raizon fait impreffion
même fur ceux qui fe gouvernent le
plus par l'imagination.

6. Le fuccez de fon Fanatisme l'en-
courajea.

7. Le point-d'honeur l'empecha
de s'avoüer vizionaire.

8. L'interèt & l'ambition le foutinrent, & le firent impofteur aprèz
qu'il eut ceffé d'etre fanatique de bone foi.

9. Ses principaux Difciples deza-
buzez foutinrent l'impofture par
point-d'honeur, par interèt, & par
ambition.

10. La force fe joignit à l'impo-
flure. Home brave qui, avec le fecours du Fanatisme, rendoit fes fol-
dats encore plus braves; car ils en
etoient venus à croire qu'en mourant
dans le combat, ils entreroient de
plein faut dans un Paradis de delices,
où ils auroient durant toute l'Eterni-
té les plus belles femmes, des jardins
delicieux, & les autres plaizirs fenfibles à fouhait.

11. Les fuccez de fes combats, &
fes grandes conquètes dans lesquelles

il

il tuoit tout çe qui resistoit, & rendoit les biens à ceux qui se declaroient
de sa Religion.

12. Cète Religion consistoit en
une Formule de Foi bien courte.
C'etoient deux Propozitions qui ren-
fermoient tous les autres Articles de
Foi: *Il n'i a qu'un Dieu, & Mahomet est son Profète.* Chacun en disant publiquement ces mots etoit sûr
de conserver sa vie & ses biens ; &
efectivement ces mots *Mahomet est
Profète*, c'est-à-dire inspiré miraculeuzement, sufizent pour prouver
que tout ce qu'il dit, & tout ce qu'il
ecrit, est Divin.

13. Il avoit remarqué que la grande devotion des Arabes etoit le Pele-
rinage à la Mèque, il conserva l'ancien Temple, il ne fit qu'en oter les
Idoles.

14. Il n'i a pas une page dans l'Alcoran, dans laquelle il ne menace de
l'Enfer les Mecréans, & dans laquelle il ne promète le Paradis aux
Croïans, ou du-moins dans laquelle il
ne fasse quelque peinture de l'un ou
de l'autre.

I 15.

15. Cète idée du Paradis & de l'Enfer etoit une idée que lez Arabes n'avoient point, ou qu'ils n'avoient que confuze & incertaine. Elle etoit agreable à tout le monde, puisque chacun pouvoit aquerir le Paradis à bon marché, par la Confeſſion de Foi abregée que je viens de dire. L'Enfer & les Peintures faizoient encore plus d'effet fur les imaginations fortes & vives.

16. Difpozition des imaginations des Auditeurs ignorans à croire, à admirer, à dezirer, & furtout à craindre.

17. Imagination plus difpozée à l'admiration, à l'efperance & à la crainte, à-proportion de l'ignorance, & de la chaleur du Climat.

28. Permiſſion autorizée de Dieu même d'avoir pluzieurs femmes & meme des concubines, choſe fort agreable aux Arabes, & à tous les habitans des Peys chauds. Voilà des cauzes fimples & fufizantes.

XII.

XII.

La principale cauze de notre etonement vient de ce que nous-nous ima-
ginons que les Arabes font des homes
come nous, au lieu de nous metre e-
fectivement à la vráie place des Arabes très-ignorans. Il eft vrai que cela
n'eft pas aizé, nous pourions peut-
etre en venir à bout, en nous fouvenant
de nos idées & de nos manières de juger de notre age de quatre ou cinq
ans, où nous etions peut-etre plus
eclairez que n'etoit alors fur ces matières le comun des Arabes. Mais
enfin pour juger de la neceffité des
Effets, il faut avoir atention à la puis-
fance des Cauzes.

XIII.

Dèzque l'on a pû entrevoir les cauzes naturèles de cet etabliffement, on
n'eft plus furpris ni de fon progrèz qui
devoit naturèlement le fuivre progrèz
des Conquerans Mahometans, ni de
fa durée à laquelle tant de gens fe
trouvent intereffez, & qui ont pour
fecours les prejugés de l'enfance & de
l'education.

XIV.

XIV.

Dèzqu'il i a à gagner dans la profeffion de Predicateur, il n'eft point
etonant que les Miniftres de cète Religion emploient toutes les forces de
leur efprit à cacher & à afoiblir les
contradictions & les abfurditez de l'Alcoran, qui font les productions na-
tureles d'une imagination ignorante &
fievreuze.

Auffi difent-ils que ce font des
Mifteres dont on n'aura la revelation
qu'au Jour du Jugement ; qu'un Livre dicté par Dieu même ne fau-
roit contenir que des Veritez, ou des
Mifteres refpectables ; que ce font des
Allegories fublimes, qu'il faloit des
Paraboles groffieres à un Peuple gros-
fier.

La verité eft que toutes les Vizions
du Mahometifme font plaines de contradictions, qui ne peuvent gueres fe
foutenir & s'excuzer que par des Fanatiques, ou par des Gens-d'efprit
intereffez au Fanatifme. Elles n'ont
rien de folide, & ne peuvent foutenir l'examen de la Raizon fans s'e-
vanouïr en fumée ; & c'eft pour cela
que

que ceux qui gouvernent avec tant
d'utilité les Fanatiques Mahometans,
crient fi haut contre la Raizon.

X V.

La plupart des Miniftres d'Etat, &
plufieurs Miniftres de la Religion Ma-
hometane, fentent ces contradictions,
ces abfurditez, & les prenent pour ce
qu'elles font en effet : Mais come elles tienent à leur fortune, ils apuïent
le Fanatifme come un Metier trèz-lu-
cratif ; ils n'ont garde de travailler
à le faire ceffer, de peur de faire
ceffer leur fortune ; & il i en a meme plufieurs, qui n'etant pas plus eclairez que le Peuple, reftent toute leur
vie de bone foi perfuadez de la verité
& de la fainteté de cete Religion.
Telle eft, dans les homes, la force
des premieres habitudes ; & il i en a
dez milions fi bien perfuadez, que
dans la certitude où ils font d'entrer en Paradis, ils perdroient volontiers
la vie pour foutenir la verité de ces
Erreurs.

X V I.

Les Turcs croient que l'Ange de la Mort a ecrit le moment de leur mort, & qu'ils mourront ou dans le combat, ou dans leur lit, dans le moment marqué dans le Regître par l'Ange de la Mort. Cète Opinion est utile à leurs Generaux d'Armées, plusieurs Soldats en craignent bien moins le péril dans lez batailles.

X V I I.

Mais me dira-t-on, avec ces cauzes si simples, si naturelles, pourquoi ne s'est-il pas elevé dans le tems meme de Mahomet d'autres Vizionaires de bone foi, qui aïent preché d'autres Revelations, & fait un nouvel Alcoran? Je repons qu'il s'en est elevé aussi plusieurs, mais come ils n'ont pas eu les memes circonstances favorables, ils n'ont pas aussi eu le meme succez.

Tel fut Mozoiléma qui fit aussi un Alcoran, qu'il croïoit aparement dicté par quelque Ange ; tel fut Afoüad dans les Peys des Homerites,

&

& d'autres encore: Mais come ils furent bientot vaincus avec leurs Sectateurs, leurs Fanatifme peu foutenu par la force finit avec leur vie.

Si Abulfofian eut eté plus‑habile Capitaine, & eut eu la capacité de former de meilleurs Oficiers & de meilleurs Soldats, il eut vaincu Mahomet, l'anciene Idolatrie de la Méque eut fubfifté, & le Mahometifme periffoit avec fon Auteur, de la meme maniere que perit le Fanatifme de Mozoiléma.

On peut donq dire que come les victoires contre Abulfofian ont eté fort difputées, il n'a tenu prefque à rien que nous n'aïons jamais entendu parler ni de Mahomet ni de fon Fanatifme.

Car enfin qui de nous a conoiffance des petites guerres d'entre les Arabes qui ont precedé Mahomet? Et fi les victoires contre quelques Faux Profètes contemporains de Mahomet & contre leurs Difciples nous font conuës, & n'ont pas eté enfevelies dans l'oubli, nous en avons l'obligation à un Fanatifme plus hûreux & mieux conduit, dont il a falu faire l'hiftoire,

&

& son histoire a eté obligée de parler de quelques contradicteurs tels
que Mosoiléma.

XVIII.

Si l'on comptoit tous les Fanatiques de bone foi qui se sont elevez en
Arabie & dans les Indes avant & depuis Mahomet, dont les .Fanatismes
ont eté etoufez dans leur naissance par
des Fanatismes dejà etablis, on en trou-
veroit tant que nous-nous etonerions
nous - mèmes de ce qu'il n'i en a eu
qu'un qui ait reüssi. Mais d'un autre
coté, si nous etions informez de la
nature des Obstacles qu'ils ont trouvé à leur etablissement , nous verrions
que selon le cours ordinaire des Chozes Humaines, ils ne devoient pas s'e-
tablir, ou que du-moins ils ne devoient
pas durer.

XIX.

Tout le Sistème du Mahometisme
se reduit à savoir, si Dieu a efectivè-
ment parlé à Mahomet, ou si l'Ange
Gabriel lui a dicté les Chapitres de
                              l'Al-

l'Alcoran. Mais pour nous faire croire un pareil Miracle, nous demandons
des preuves aux Mahometans, & pour
nous le prouver, ils nous aportent come un Miracle l'etabliſſement de leur
Croïance dans la plus grande partie de
la Terre.

Mais on vient de voir qu'il n'i a
ni dans cet etabliſſement, ni dans
le progrez, ni dans la durée, aucune aparence de Miracle, ſi ce n'eſt
pour ceux qui ne ſavent pas tous les
faits & toutes les circonſtances qui
ont precedé ou acompagné cet établiſſement; ou pour ceux qui n'i ont pas
fait aſſez de reflexion; ou enfin pour
les Mahometans eux-mèmes, qui
ſont acoutumez dèz l'enfance à regarder cet ouvraje trèz-humain &
trèz-plein d'abſurditez, come un ouvraje trèz-ſage, trèz-ſenſé & entierement divin.

Ainſi il n'eſt pas dificile de conclure qu'il n'i a réellement ni Miracle,
ni même rien de prodigieux & de
ſurprenant dans l'etabliſſement, dans
le progrez, & dans la duréo de ce
Fanatiſme; mais que les cauzes en
ſont ſi naturèles, qu'il etoit mora-

lement impoſſible que le Mahometiſ-
·me ne s'etablit pas ,   dans les Circonſtances & parmi les Peuples où
il s'eſt etabli; & qu'i etant une fois
etabli, le grand reſpect pour Mahomet
n'i .dure pas autant que la grande
ignorance des Cauzes Morales & des
ıCauzes Fiziques durera parmi eux. *Et
ıc'eſt ce que je m'etois propozé de demon-
·trer .*

"AUTRES

OBSERVATIONS

Sur quelques autres ſentimens
du même Auteur .

Pour un ſimple Gentilhomme il
etoit ſavant en Hiſtoire,   mais peu
exact dans ſes recits : Il avoit une ſorte d'eloquence naturelle, qui impozoit
aux Ignorans : Il raizonoit hardiment
de *Politique* , mais trèz-ſuperficièle-
ment, en voici un exemple : Il etoit
perſuadé que l'ancienne police des Sei-
-gneurs des Fiefs qui devoient ſervice

au Roi *gratis* durant cinq ou six mois, à-proportion de l'etendue & du revenu de cez Fiefs, etoit une police preferable aux Regimens entretenus par le Roi tout le long des anées, avec les fecours dez fubfides levez tant fur les Gentilshomes poffedans Fiefs, que fur les Peuples des Campagnes & fur les Habitans des Villes, ce qui eft trèz-faux.

Car 1. il i a une grande diference entre un fervice qui n'eft que pour quelques mois, & un fervice pour toute l'anée.

2. Le grand Service Militaire vient de l'Infanterie, & il n'i en avoit point; les Seigneurs des Fiefs vouloient combatre a Cheval.

3. Les Seigneurs des grans Fiefs avoient les grans Comandemens, & fouvent fans grand courage & fans grande capacité; au lieu que dans les Troupes reglées il i a diverfes claffes d'Emplois Superieurs, & l'on n'arive aux Degrez Superieurs, qu'après avoir paffé avec diftinction entre fez pareils par les Claffes inferieures.

4. On peut caffer un Oficier qui fait mal fon devoir, fans caffer la
Trou-

Troupe qu'il comande ; au lieu qu'il faloit beaucoup foufrir des Seigneurs de Fief, de peur qu'ils ne remenaffent leur Troupe chez eux.

5. Ces Seigneurs de grans Fiefs étoient presque toujours en guerre entre eux, c'etoit des Guerres Civiles presque perpetuèles. La tranquilité eft la baze du bonheur d'une Nation ; voilà ce bel effet de la metode des grans, & des petits Fiefs.

Une autre opinion peu raizonable qu'il avoit : *C'eft qu'il feroit à dezirer pour le Bien de l'Etat, que le Roi affemblat fouvent les Etats-Generaux du Roïaume.*

Mais quelles nouvelles lumieres peut-on atandre dans cete Sience d'une grande multitude de Gens, qui la plupart n'en ont jamais etudié aucune partie, & parmi lefquels, come parmi le Peuple, dominent ceux qui ont plus d'eloquence naturèle fans aucune folidité ?

Encore fi l'on pouvoit dire que la plupart des Deputez des Etats ont plus etudié & plus pratiqué cete Sience, que ceux que le Roi apele ordinairement dans fes Confeils, & qui en entendent

par-

parler, & qui en difputent tous les jours. Mais c'eft tout le contraire, & de-là il arive que les Partis s'i prenent felon l'avis du plus grand nombre, qui là, come ailleurs dans les Affemblées Populaires, font les plus ignorans.

Dailleurs où prendre en France cinq-cens Deputez des Etats habiles dans les Afaires du Gouvernement, dans la Nobleffe, dans le Clergé, ni dans la Magiftrature, pour en atandre des lumieres dans les deliberations? Encore faudroit-il que ceux qui deputent conuffent cete Sience, pour choizir leurs Deputez entre les plus favans. Or dans un Etat où il n'i a ni Livres fufizans fur cete Matiere, ni Profeffeurs de cete Sience, ni Conferences particulieres, ni Academie publique de Politique, ni Recompenfe affurée pour ceux qui i feroient dez decouvertes trèz-utiles au Publicq; coment trouver un fi grand nombre de Sujets auffi habiles, que les Miniftres & les Souminiftres?

De-là il fuit que de pareilles Affemblées d'Etats ne peuvent aporter au Roi aucune lumiere fur les Afaires du Gouvernement, & qu'elles ne font

pro-

propres qu'à rendre aux Peuples le
Miniftere Prezent odieux & mepriza-
ble, quelque fage, quelque moderé,
quelque avantageux qu'il puiffe etre à
la Nation.

Telles etoient les Opinions fuperfi-
cieles de ce Gentilhome fur le Gouvernement. Il n'eft pas etonant qu'il
en eut d'auffi peu fenfées fur le Mahometifme & fur l'Aftrologie Judiciaire,
lui qui etoit fi ignorant de la Fizique.

PROJET

pour faire ceſſer les

DISPUTES

Séditieuzes des

TEOLOGIENS.

IL s'eleva en Holande vers 1615. une Diſpute de Téologie entre deux Curez, ou Paſteurs, come ils les apelent en ce Peys là: C'etoit entre Gomarus & Arminius.

Gomarus ſoutenoit que Dieu avoit elu, avoit predeſtiné un petit nombre d'Homes avant leur naiſſance pour jouïr du Paradis, quoiqu'ils ne dûſſent faire le long de leur vie preſque aucune action vertueuze, quelque grans, quelque nombreux que dûſſent etre leurs crimes; & cela par pure grace, par pure bonté pour eux, & ſans compter pour rien ni leurs merites ni leurs demerites.

Il

Il soutenoit de-meme que Dieu avoit destiné tous les autres Homes à l'Enfer avant leur naissance, quelque grandes, quelque nombreuzes que dûssent etre leurs actions de vertu durant leur vie ; & cela par pure justice, en punissant en eux le Peché Originel. Cete etranje Opinion est (dit-on) celle de Calvin, qu'il disoit avoir prize de St. Paul interpreté par St. Augustin.

De cete Opinion qui repugne tant à la Raizon, suivent naturelement beaucoup de Consequences absurdes ; & entre autres, que le Paradis n'est point veritablement une recompense des Actions Vertueuzes, mais que c'est une pure liberalité de la part de Dieu ; que l'Enfer n'est point veritablement une punition des Mechantes Actions, mais *que ce choix des Elus & ce choix des Danez*, parmi les Enfans d'Adam qui sont egalement coupables du Peché Originel, & egalement sans merite avant leur naissance, se fait par le Createur sans aucun egard à la sainteté ou à la mechanceté de leur Vie.

Le grand inconvenient par raport au bonheur de la Societé, c’eſt
qu’en ſupozant en Dieu ce choix bi-
zare & ſans raizon, on oteroit conſe-
quament aux Hommes le grand motif de l’Enfer pour eviter les Injuſtices, & le grand motif du Paradis
pour lez exciter aux œuvres de Bienfaizance : Inconvenient de pratique
trèz - contraire au bien de la Societé,
& qui ruineroit de fond en comble
presque toute l’utilité que l’on peut
tirer des Religions Humaines, & meme de la Religion Divine, pour le
bon gouvernement des Etats.

Cete Opinion qui ſupoze que Dieu
regit ſans raizon, & qu’il punit cruè-
lement les Hommes les plus vertueux
d’un Crime auquel ils n’ont eu nule
part, eſt celle que les Moliniſtes
atribuent à Janſenius & aux Janſe-
niſtes.

Arminius ſoutenoit au - contraire
que l’idée d’un Etre infiniment ſage
& raizonable, repugnoit à un pareil
choix fait ſans aucune raizon aparan-
te. Il prechoit au Peuple que le Paradis etoit une vraie recompenſe des
Bones Actions faites durant la vie,

K

pour

pour plaire à l'Etre souverainement
parfait, c'est-à-dire une recompense du bon uzage qu'ils avoient fait dez
Graces de Dieu & de leur Liberté
durant leur vie. Il soutenoit de-meme que l'Enfer etoit une vraie punition des Injustices, & du mauvais
uzage que les homes avoient fait de la
parfaite Liberté qu'ils tenoient de la
Grace du Redempteur.

Il est vrai qu'en supozant l'uzage
de cete parfaite Liberté, il ne pouvoit pas expliquer coment Dieu pre-
voïoit avec une certitude entiere les
bones & les mauvaises Actions Futu-
res, & par consequent le Salut eternel des uns, & la Punition eternèle
des autres. Mais cet inconvenient de
l'Opinion des Arminiens n'etoit qu'un
inconvenient de pure speculation, qui
ne venoit (disoit Arminius) que de
la foiblesse de notre esprit, qui ne
peut pas comprendre la nature infinie de Dieu, qui voit le Futur come
present.

Et efectivement cet inconvenient
n'etoit pas à beaucoup prez si fa-
cheux, si danjereux, si pernicieux,
que l'inconvenient du Sisteme de Go-
ma-

marus, qui tendoit à oter à la Societé deux puiſſans motifs dans la pratique, la Crainte de l'Enfer pour faire
eviter aux Homes d'etre injuſtes, &
l'Eſperance du Paradis pour les exciter à devenir trèz - bienfaizans les uns
envers les autres.

Gomarus avoit à - la - verité pour
lui quelques paſſages de St. Paul, &
quelques Interpretations de ces paſſages par St. Auguſtin, repetées par
St. Proſper & par St. Fulgence, &
adoucies depuis par St. Thomas, mais
devenuës trèz-dures dans les Ecrits
de Luter & de Calvin.

Arminius avoit pour lui un nombre
dix - fois plus grand de paſſages de
l'Ancien & du Nouveau Teſtament
& de Jeſus - Chriſt meme, interpre-
tez par un nombre d x - fois plus
grand des Peres de l'Eglize Greque,
& meme par pluzieurs Peres de l'E-
glize Latine, par quelques Téologiens
Proteſtans, & ſurtout par le gros de
l'Eglize Anglicane & de l'Eglize
Luteriene.

Et à dire la verité, il ſemble que
ces deux Opinions opozées, prizes ſans
en adopter certaines conſequences

trop

trop dures, ont toujours subsisté ensemble dans l'Eglize. Ainsi ils man-
quoient tous deux à un point essentiel pour entretenir la paix : c'etoit
qu'il faloit s'en tenir à garder le Mistére tel, & en l'etat que nous l'a-
vions reçû de nos Peres, sans exiger
de signer sur ce sujet, non plus que
sur les dogmes du mistére de la Trinité, aucun nouveau Formulaire excluzif.

. La Dispute s'echaufa au point que
les Ministres de chaque Parti tache-
rent d'interesser les Magistrats & les
autres Citoïens dans leur querèle.
Ainsi des raizons & des citations ils
passerent aux injures, tant dans la
Chaire que dans lez Ecrits imprimez,
& comencerent à se traiter mutuèlement de Novateurs & d'Heretiques :
en forte que les plus sages d'entre lez
Citoïens de Holande comencerent à
craindre un Schisme, & par confequent une Guerre Civile.

PRE-

PREMIERE

OBSERVATION.

Le Conseil Superieur de Police devoit sonjer à faire cesser de bone heure les Ecrits & les Sermons qui pouvoient troubler la tranquilité entre les Téologiens, lorsque les autres Citoïens comencoient à prendre part à ces sortes de Disputes; parceque la charité, la concorde, & la tranquilité sont de plus grans biens, que les vraisemblances & lez veritez; & parceque la haine, la persecution, la divizion, & la Guerre Civile sont de plus grans maux, que ne sont les ignorances & les erreurs.

Le plus grand mal dans ceux qui disputent n'est pas l'erreur où se trouve un des deux Partis, parce qu'elle est toujours trèz-involontaire dans quelque Parti que ce soit. Nul ne demeure & ne sauroit demeurer un seul moment dans une opinion, dèz qu'il la croit fausse, & meme dezqu'il la soupçone de fausseté; il ne peut

plus

plus la regarder come certaine, ainſi
il reſte dans le doute.

Mais le grand mal qui peut naitre
de ces Diſputes, c'eſt la formation de
deux Partis ardens à ſe haïr, à ſe dire
des injures, à chercher les moïens de
ſe vanger de celles qu'ils croient avoir
reçuës, & à intereſſer dans leur querèle les Seculiers, & ſurtout les Magiſtrats.

Ils en vienent à ſe traiter reciproquement de Fanatiques, d'Heretiques, de Desobeïſſans. Ils mettent
tou. en œuvre pour perſecuter leurs
Enemis, & cela ſous le ſpecieux pretexte de zele pour la verité de la Foi,
& ils parvienent ſouvent à troubler
par des guerres ouvertes la tranquilité
de la Société Crétiene.

Voilà le grand mal des Diſputes qui
ſe font avec colere & avec emporte-
ment entre Téologiens. Or le remede à cete *Maladie Politique* qui
trouble la Société, eſt du reſſort *de la
ſimple Police Civile & du Gouvernement Seculier*, qui ne doit permetre
aucune injure entre Citoïens de la meme Republique, & moïns-encore

au-

aucune formation de deux Partis dans l'Etat.

Ainſi il ariva que le Magiſtrat de Police negligeant de leur impozer à tous, ſix mois aprèz le comancement de la Diſpute, *un ſilence entier & con-tinuel* ſur ces matieres, dans la Chaî-re, dans les Ecrits & dans les Aſſem-blécs, ils tomberent réelement dans la haine mutuele, & perdirent ainſi chacun de-leur coté leur Charité, pour faire triomfer leur Verité.

Cependant tout le monde ſait que l'eſprit de Charité & de Bienfaizance eſt abſolument neceſſaire pour le Sa-lut ; qu'à l'égard de la Verité il ſufit d'avoir pour l'Ecriture Sainte, & pour les Interpretations des Superieurs, & pour l'Eglize toute la ſoumiſſion qui lui eſt duë. ſans pretendre decider entre les interpretations diferentes des Superieurs, ſur laquele il faut atan-dre à un autre tems l'evidence comu-ne, qui reüniſſe ou qui calme les Eſ-prits divizez.

Ainſi ces Téologiens & leurs Secta-teurs, pour faire eviter à leurs Confre-res contredizans une Erreur trèz-in-volontaire & trèz-pardonable, com-

mi-

mirent contre eux une infinité de perſecutions, telles qu'ils n'auroient pas voulu que leurs Enemis leur en fiſſent ſoufrir de pareilles. Or pratiquer & conſeiller de pareilles injuſtices, n'eſt ce pas detruire, plutôt qu'etablir la Religion de charité, jusques dans ſes fondemens ?

C'eſt un defaut que d'errer, mais il i a une diference infinie entre le defaut du plus foible qui erre, & la perſecution faite par le plus fort contre l'*Errant.* C'eſt que l'Errant ne voit pas ſon erreur, au lieu que le plus fort, *lorsqu'il fait contre ſon Adverſaire des perſecutions qu'il ſeroit bien faché qu'il fit contre lui - meme ſi cet Adverſaire etoit le plus fort,* peut bien plus facilement s'apercevoir de ſa propre injuſtice.

L'Homme aime & honore toujours ſi eſſentièlement la Verité, que meme en errant groſſierement il ne fait autre faute qu'on lui puiſſe reprocher, que de prendre innocemment & imprudemment l'Erreur pour la Verité, & rend ainſi dans l'Erreur meme un homage ſincere à la Verité   Il n'en eſt pas de meme dans la pratique de la

Per-

Perſécution. Nul Perſecutant ne croit rendre homage à la *douceur*, à l'*equité*, à la *patience*, à la *bienfaizance*, à la *juſtice*; car chacun ſait qu'il ne voudroit jamais etre perſecuté par les plus forts, ſous pretexte qu'il eſt dans l'Erreur.

Que demandent les deux Partis? Tous deux, par zele pour l'honeur de la Verité, ou plutôt pour l'honeur de leur Verité, c'eſt-à-dire pour l'honeur de leur Opinion, ils demandent l'uniformité de Confeſſion, ils demandent un meme formulaire de Foi, mais chacun demande que le ſien ſoit preferé.

D'un autre coté que demande l'Home-de-bien, le bon Citoïen, le ſaint Magiſtrat? Ils demandent que les Citoïens ſe raſſemblent tous dans la pratique *de la Juſtice & de la Bien-faizance*, tant de la part des Ortodo-xes envers leurs Concitoïens Errans, que de la part des Errans envers lez Ortodoxes. Ils demandent par conſequent l'indulgence cretiene, la to-lérance mutuèle, le ſilence mutuel, en atandant qu'une grande evidence

K 5 co-

comune les reüniſſe dans une meme maniere de penſer.

Voilà ce que la Police Cretiène demande aux Téologiens qui ont le malheur de diſputer ſur des Matieres miſterieuzes, & qui feront toujours incomprehenſibles aux Homes ſur la Terre. La demande des Magiſtrats a-t-elle quelque choze de déraizonable & d'injuſte?

Les Magiſtrats ne voient-ils pas avec evidence que l'uniformité dans la pratique de la Juſtice & de la Bienfaizance vaut incomparablement mieux, que l'uniformité dans les formulaires de Foi ſur une Opinion purement ſpeculative, où il i a de part & d'autre quelque Miſtere incomprehenſible, quelque Conſéquence abſurde, qu'il faut avouér ſi l'on veut raizoner conſequemment?

Or de bone foi les Magiſtrats ont-ils tort dans cez circonſtances pour apaizer le trouble, d'impozer ſilence aux deux Partis, ſoit que l'on regarde ces deux ſortes d'uniformitez par raport au bonheur de la Vie Preſente, ſoit qu'on les regarde par

ra-

raport au bonheur de la Vie Future?

N'eſt-il pas evident que l'uniformité dans l'obſervation de la Juſtice & de la Bienfaizance eſt incomparablement plus dezirable, que l'uniformité dans les Opinions & dans les Formulaires. C'eſt que lorsque l'on eſt ſoumis en general à l'Eglize & à l'Ecriture Sainte, l'Erreur involontaire ſi elle ſe trouve jointe aux Bones Euvres, n'empeche pas d'obtenir le Paradis, particulièrement quand cete Erreur ne regarde que des diſputes ſur des Matières incomprehenſibles.

Au-lieu-que les *Perſecutions* injuſtes, quoique jointes à la Verité & au Zèle pour la Verité, conduizent ſûrement en Enfer: Car enfin n'eſt-il pas vrai qu'il n'eſt pas permis d'etre injuſte, pour faire conoitre la Verité, ou pour faire ceſſer l'Erreur?

Cète Maxime eſt vraie & evidente pour tout Home ſenſé. N'eſt-elle pas un principe certain de decizion, qui engage le Magiſtrat à obtenir des deux Partis ceſſation d'Hoſtilité, ceſſation

ſation de Diſputes, ceſſation d'Ecrits, & par conſeqnent *Silence parfait* ſur ces Matieres, dans la Chaire, dans les Livres, & dans les Aſſemblées? Ainſi à la premiere etincèle du feu de la divizion, aux premiers termes ofenſans que les Etats-Generaux virent dans les Ecrits, ils devoient dans le moment etablir un Comité, une Congregation de Police purement Civile, non pour décider de quel coté etoit l'erreur; mais pour faire un règlement qui empechât, ſous des peines *ſufizantes* & par conſéquent inévitables, de parler, de prêcher, & de rien écrire de nouveau durant trois ou quatre ans ſur la Matière conteſtée; & renouveler pour dix ans l'Ordonance du ſilence avant l'echeance du terme, ſous peine d'une amande ſufizante au profit des Hopitaux, ou meme de deſtitution.

Il eſt évident que ſi les Holandois avoient deſtitué Gomarus & Arminius pour avoir contrevenu à l'Ordonance, les opinions fuſſent demeurées en l'etat où elles etoient auparavant, & chacun n'auroit ſonjé qu'à faire ſon ſalut en paix & en concorde; car

on

on auroit oublié dans le publicq leurs fujets de divizion, dezque dans le publicq on auroit ceffé d'en parler.

Or faute d'etablir de bone heure un pareil *Confeil du Silence* pour faire ceffer le trouble paffager, & pour conferver la tranquilité anciene entre les Citoïens, la Republique penfa etre bouleverfée; parceque le Prince Maurice qui vizoit à fe rendre Roi de Hollande, fe declara pour les Gomariftes, Parti de beaucoup le plus nombreux & le plus fort, pour acabler avec plus de facilité Barnevelt, Grand - Penfionaire qui craignoit pour la Republique la trop grande autorité de ce Prince, & qui en bon citoyen favorizoit fecretement le Parti des Arminiens.

RAIZONS POUR LE SILENCE.

1. Le Silence empeche la formation des Partis, ou du moins l'eclat des Divizions. Car il eft bien certain qu'il ne fe comence jamais de Parti, ni parmi le Peuple, ni parmi les Grans, ni parmi les Femmes, fur des Queftions
dont

dont ils n'entendent point parler, ni dans les Ecrits, ni dans les Chaires, ni dans la Converſation des Téologiens. Ainſi il faloit que la Police Civile impoſât aux Téologiens *un Silence trez-rigoureux*, pour eviter les divizions, les haines, & les perſecutions entre les Citoyens.

2. La Queſtion entre les Arminiens & les Gomariſtes etoit telle, qu'il i avoit quelque Incomprehenſibilité à avouër dans chaque Parti ; & alors i a-t-il un parti plus raizonable à prendre que de laiſſer cete Queſtion dans le degré de miſtere, d'obſcurité, d'incomprehenſibilité, où elle etoit lorsque lez Eſprits etoient calmes, & lorsqu'ils n'etoient point encore exceſſivement echaufez par des injures mutueles ?

Rien n'étoit plus raizonable que d'empecher alors toute Diſpute, & par conſequent d'impozer ſilence ſur cet article : puisque chacun dans le ſilence pouvoit, come dix ans auparavant, operer ſon ſalut en toute ſûreté, & ſans perdre la charité pour les Errans.

Dans

Dans les Queſtions ſur les Siences Humaines, on peut avec le tems ariver jusqu'à l'evidence & à la demonſtration. Or l'evidence comune reünit les Eſprits dans une meme opinion. Mais dans les Diſputes Téologiques, où il i a des deux cotez quelque incomprehenſibilité ou quelque abſurdité, & dans lesquèles on comence à voir de l'aigreur, *le Conſeil du Silence* doit empecher par provizion les Eſprits de ſe divizer, il faut empecher l'agitation & le trouble ; & pour cela nul remede, nul prezervatif n'eſt ſi eficace que le Silence comandé ſous des *peines ſufizantes & inevitables*.

Je dis *inevitables* ; car ce ſont les exemples de punition des rebelles à la Loi, qui eloignent ceux qui ſont tentez de ſucomber à la tentation de la desobeïſſance.

De-là il ſuit qu'il faut des exemples ſufizans de punition dans chaque canton, qu'il faut un Comité ou un Conſeil qui dreſſe lez articles d'un Reglement, & qui ait ſoin de faire executer exactement les Punitions entre les Eſprits inquiets, impatiens,
qui

qui contreviendront à l'Ordonance, sous la specieuze raizon de zele pour la Verité & pour la Religion ; raizon comune aux deux Partis opozez.

Le Magistrat aura pour lui une raizon solide & encore plus specieuze, qui est le zele pour la Charité Crétiene, pour la Tranquilité Publique, & pour la Concorde des Cretiens, encore plus recomandées par la même Religion & par le même Evangile, que n'est la Conoissance de certaines Veritez Téologiques & Misterieuzes, qui ne sont point dans le formulaire ancien de Confession de Foi que nous apelons le *Credo*, qui sufizoit au tems des Apotres, & qui sufit meme en ce tems-ci pour le Salut.

3. Il vaut mieux que toute la Nation demeure tranquile avec le mal que peut cauzer une Erreur, ou une Ignorance involontaire durant quelque tems dans une partie du Peuple, que si la Nation etoit delivrée quelques anées plutôt de cète Ignorance ou de cète Erreur, si pour l'en delivrer il faut qu'il en coute tous les maux du Schisme & des Guerres Civiles.

Or

Or n'eſt-il pas evident que les divizions, les haines, les perſecutions
entre les Familles, & la perte de la
Tranquilité Publique, ſans laquelle
on ne goute plus les biens que doit
procurer la bone Religion, & meme
la bone Police de la Societé, ſont
des maux beaucoup plus grans, que
l'ignorance d'une Verité, lorſqu'il ne
s'agit que de l'ignorer quelques anées
plus tard.

On peut dire que ces trois conſi-
derations ſont ſufizantes pour determiner l'Etat à former le Conſeil du
Silence, qui ne peut jamais faire aucun
mal, & qui peut garantir l'Etat de
trèz-grans maux.

Il ſeroit à-propos que ce Conſeil,
dans un Etat Catolique-Romain, ne
permit d'imprimer aucun Ecrit ſur
des Matieres controverſées, avant que
de l'avoir fait examiner ; il ne faudroit
gueres que des Ecrits de Morale & des
Catechiſmes, & ſur le reſte ſilence
parfait.

J'ai ouï conter au feu Marechal de
Bellefond un fait à-propos *du Silence.*
Il n'aprouvoit pas l'extreme rigidité
avec laquelle les Religieux de la Tra-

pe observent un silence eternel entre eux; & come il voïoit qu'il en resultoit quelques inconveniens, il demanda un jour à l'Abé qui avoit retabli la grande reforme du fameux St. Bernard, s'il ne seroit pas plus à propos de relacher un peu de la rigueur de la regle sur l'Article du Silence : *N'etes-vous pas très-edifié*, lui répondit l'Abé, *de leur vie inocente, de leur mortification, de leur penitence, de leurs pieux exercices, du service divin, & de leur grande obeïssance? Ne croiez-vous pas qu'ils operent leur salut dans l'union, & dans la charité ? Or si je relachois tant soit peu de la severité du Silence, come chacun de ces vertueux Religieux a ses opinions, ses prejugez & son degré de lumiere, il i auroit bientôt des disputes, des divizions, & des partis parmi eux. Je ne dois qu'à leur grand silence, la grande obéïssance, la grande tranquilité, & la grande union de cez cent-quarante Homes qui compozent cète Comunauté dont vous admirez la vertu. Je puis vous assurer que sans ce silence, qui a ses inconveniens come vous dites, je ne les tiendrois jamais unis & paizibles :* Ainsi ils tomberoient dans des inconve-

niens

niens incomparablement plus confidérables que ceux que vous avez remarquez, & qui naiſſent de ce Silence qui vous paroit exceſſif, & que vous reprochez à la Règle de St. Bernard.

Pour revenir au ſujet de ce Memoire, aucun Home ſenſé ne diſconvenoit en Holande, qu'avant la Diſpute les Teologiens eux-memes operoient leur ſalut dans les deux Opinions opozées, quoique peut-etre il i en eut une ſoutenuë par le plus petit nombre de Teologiens, quoiqu'il i eut une de ces Opinions vraie & l'autre fauſſe : C'eſt que toutes deux avoient pour elles des expreſſions favorables de l'Ecriture. Or pourquoi en *ramenant* l'ancien ſilence, & l'ancien calme ſur cez Opinions, ou ſi l'on veut l'anciene ignorance, les uns & lez autres ne ſe fuſſent-ils pas tous également ſauvez, en ſupozant que les Errans come les Ortodoxes etoient ſoumis à l'Opinion de l'Eglize ?

Cète conſidération eſt décizive non ſeulement pour tout Home qui ne ſonge qu'à ſe ſauver, & à remplir les devoirs de bon Citoïen & de bon Crétien,

tien,

tien; mais particulierement decizive
pour le bon Magiſtrat, & pour la
bone Police. Ainſi il conclura toujours de là, qu'il faut ramener le
calme ancien, la tranquilité anciène,
en evitant dezormais toute diſpute, toute controverſe, moïennant
la rigide obſervation du *Silence*.

SEGONDE

OBSERVATION.

Au lieu de l'etabliſſement du Conſeil du Silence, la Republique, ſur
l'avis imprudent des Téologiens, pré-
féra le Concile ou le Sinode Général,
come ſi la décizion de ce Concile pouvoit finir les diſputes & les querèles
entre les Téologiens, & les faire taire: Au lieu que les Diſputes ne finis-
ſent reèlement, que lorsque perſone
n'en parle plus. Or l'efet naturel
d'un Concile Général, c'eſt d'en
faire parler beaucoup davantaje.

Avant ce Sinode les Arminiens n'e-
toient tout-au-plus que des Errans, que
l'on pouvoit facilement tolérer, come

on les toléroit dix ans avant la chaleur
de la Difpute, come Téologiens &
Citoïens doux & paizibles : Mais a-
près le Sinode de Dordrecht, ce furent des Excomuniez, des Schifma-
tiques, des Hérétiques, & des Rebelles, qui refuzoient de fe foumetre
à la Décizion du Concile, & à l'Autorité du Magiftrat qui comuniquoit
fon autorité au Sinode : Ainfi il falut
les chaffer de la Société, come dez pe-
ftiférez. Or voilà une terrible extre-
mité que le Gouvernement devoit é-
viter, & qu'il eut pu facilement éviter, fi au lieu de la formation du Sinode, il avoit formé *le Confeil crétien &*
pacifique du Silence.

Car le Confeil du Silence auroit
fait finir les Difputes, au lieu que le
Sinode ne les finît point, & caufa de-
plus tous les maux de la perfecution,
que les plus forts firent foufrir aux
plus foibles.

Avant le Sinode nule perfecution
contre aucun Citoïen, après le Sinode beaucoup de perfecutions & d'exils
autorizez par l'État meme contre les
Citoïens d'ailleurs Gens-de-bien, que
l'on auroit pu facilement contenir &

L 3

con-

conſerver par l'obſervation du Silence.

On ne peut jamais empecher les divizions des Homes, dans lez Opinions; mais avec l'autorité du Magiſtrat on peut empecher les uns par des eſpérances, les autres par des craintes *ſuſizantes & inevitables* de parler, d'ecrire & de precher, durant quelques anées ſur la Matière contcstée.

Pourquoi, en atandant la maniſeſtation generale de la Verité qui ſe ſe fera un jour aux Saints, ne s'en pas tenir aux Catéchiſmes anciens? Qui ne ſait que là où les Homes ne conviènent point, il faut qu'il i manque quelque degré d'évidence? Qui ne ſait que dans la Religion, il i a pluſieurs Miſtères qui ſont & qui ſeront incomprehenſibles durant notre vie? Qui ne ſait que preſque toutes les Opinions qui tiènent aux Miſtères, participent en quelque choze à cez incomprehenſibilitez?

Or faut-il pour un mal auquel nous ne ſaurions remedier, perdre la baze de notre Salut, c'eſt-à-dire la Charité; perdre le fondement de tous les biens

de

de la Societé, c'eſt-à-dire la Tranquilité Publique, que nous pouvons
facilement conſerver, en impozant à
tous les Diſputeurs un *Silence* paſſager
ſur certaines Matières?

Demeurons dans nos anciènes tene-
bres, tandis que Dieu ne veut rien
nous révéler miraculeuſement; mais
conſervons toujours la tranquilité, que
nous conſeillent la Foi & la Charité
Crétiene. Voilà ce que les Magiſtrats
Holandois pouvoient & devoient
dire aux Conteſtans, au lieu de con-
voquer le Sinode de Dordrecht.

Il eſt evident que l'expedient de
faire décider la Queſtion ou lez Questions par de nouveaux Formulaires,
conſtruits par un Sinode, que les Holandois eux-memes ne croient pas infaillible, n'etoit point un expedient ſuffi-
zant, ni pour faire ceſſer la divizion,
ni pour ramener la paix & la tranquilité dans l'Eglize Holandoize. Il n'i
avoit que l'obſervation du *Silence*, auſſi
ce Concile ne finît point-du-tout la
querèle: Mais le Parti le plus fort fut
plus autorizé, & eut plus de moyens
de perſecuter impunément, & d'a-

cabler de mizéres le Parti le plus foible, au grand prejudice de la Republique.

TROISIEME

OBSERVATION.

S'il i avoit un Parti à favorizer entre ces Téologiens, c'etoit celui qui donoit un peu plus au Libre-Arbitre, que le Parti qui nioit que tous les Homes eûſſent avec la Grace de Dieu Liberté entiere, Liberté d'equilibre de faire le Bien & le Mal. Il faloit plutot favorizer le Parti qui apuïoit le plus lez idées comunes que nous avons de la Recompenſe duë au mérite, & de la Punition duë à ceux qui ne font pas ce qu'ils doivent & ce qu'ils peuvent. C'eſt au Gouvernement à favorizer les Opinions qui ſont les plus propres à inſpirer l'amour pour l'obſervation de la Juſtice, & pour la pratique de la Bienfaizance.

Les Téologiens qui ſoutienent que Dieu ne predeſtine lez Elûs, qu'en ſu-

ſupozant qu'il a prevu leurs Bones-Euvres, & que le Paradis n'eſt que la
recompenſe des Bones-Euvres, ſont
bien plus propres à precher & à exhorter avec ſuccèz à la pratique des
Euvres de Juſtice & de Bienfaizance;
que ceux qui ſoutienent que Dieu
predeſtine les Homes au Paradis & à
l'Enfer, avant que de prevoir que les
uns meriteront le Paradis par leurs Bones-Euvres, & les autres l'Enfer par
leurs Injuſtices.

Je dis que s'il i avoit un Parti à favorizer, c'étoit celui qui favorizoit le
Grand-Penſionaire Barnevelt : Mais
réèlement en Home-d'Etat, il ne devoit prendre publiquement aucun autre parti que celui du *Silence* ; ſeul
prezervatif eficace contre toute divizion ; moïen ſûr pour conſerver la
paix & la tranquilité, qui eſt le principal but où l'Home Public doit vizer; parceque la paix eſt la ſanté du
Corps Politique, & par conſéquent le
fondement néceſſaire de tous les autres
biens de la Société.

*Ceci doit paſſer pour démontré, non
pour les Téologiens diſputeurs, mais pour
les bons Citoiens qui pèzent les Opinions*

L 5

ſpe-

ſupozant qu'il a prevu leurs Bones-Euvres, & que le Paradis n'eſt que la
recompenſe des Bones-Euvres, ſont
bien plus propres à precher & à exhorter avec ſuccèz à la pratique des
Euvres de Juſtice & de Bienfaizance;
que ceux qui ſoutienent que Dieu
predeſtine les Homes au Paradis & à
l'Enfer, avant que de prevoir que les
uns meriteront le Paradis par leurs Bones-Euvres, & les autres l'Enfer par
leurs Injuſtices.

Je dis que s'il i avoit un Parti à favorizer, c'étoit celui qui favorizoit le
Grand-Penſionaire Barnevelt : Mais
réèlement en Home-d'Etat, il ne devoit prendre publiquement aucun autre parti que celui du *Silence* ; ſeul
prezervatif eficace contre toute divizion ; moïen ſûr pour conſerver la
paix & la tranquilité, qui eſt le principal but où l'Home Public doit vizer ; parceque la paix eſt la ſanté du
Corps Politique, & par conſéquent le
fondement néceſſaire de tous les autres
biens de la Société.

Ceci doit paſſer pour démontré, non
pour les Téologiens diſputeurs, mais pour
les bons Citoiens qui pèzent les Opinions

ſpe-

*speculatives, & qui les preferent à pro-
portion du bien qui en peut resulter pour
la Societé.*

Il paroit par la sage tolérance des
Holandois d'aujourdui, & surtout par
l'indulgence qu'ils ont pour les Crétiens de la Comunion Tridentine, &
par leur grande atantion à conserver
la tranquilité dans leur Etat, que si
pareilles Disputes s'elevoient de-nou-
veau entre leurs Téologiens, leur Conseil ne tomberoit pas dans les mêmes
fautes où tomberent leurs Predeces-
seurs, & qu'ils nomeroient bientôt
des Membres du Conseil du Silence,
auxquels ils doneroient toute autorité
de faire des Statuts, pour faire obser-
ver un Silence rigide sur la Matière
contestée.

Je ne parle ici qu'aux Ministres-d'E-
tat de Holande, gens raizonables qui
n'ont pour but que l'augmentation du
bonheur de leur Patrie. Je ne parle
nulement aux Téologiens altérez &
échautez par des mépris, & par des
injures reciproques: Ils sont alors si
eloignez de la raizon, qu'ils ne font nul
scrupule de sacrifier la Tranquilité
Publique à la victoire de leur Verité;

car

car chaque Parti apele toujours son opinion particuliere, ou l'opinion de son Parti, *la Verité en general,* une Verité essentièle au Salut.

De-là on voit assez que l'unique bon parti des Ministres-d'Etat de Holande etoit de trouver le moïen que les deux Partis continuassent à se tolerer mutuèlement en silence, sans aigreur, avec tranquilité, come ils se toleroient trente ans auparavant. Et qui doute que sans la tolerance mutuèle de chaque Parti pour ceux qui ont le malheur d'errer de bone foi, les plus petites Societez de Religion se divizeront toujours, & se subdivizeront sans-cesse presque à l'infini, tantôt sur un article, tantôt sur un autre ; & pour des Opinions non essentieles au Salut ; elles s'excomunieront mutuèlement, & particulierement sur certains Points de Doctrine qui font incomprehensibles à tous les deux Partis, & sur lesquels par consequent ils devroient s'en tenir *precizément* aux anciens *Formulaires,* qui font peut-être inexplicables, mais qui font toujours respectables pour quiconque aime la Religion & la Paix?

Ce

Ce n'est proprement que ces Formulaires anciens, souvent incomprehensibles & toujours respectables, que l'on doit prendre pour point fixe, mais il faut bien que le Magistrat se garde d'en autorizer jamais de nouveau. La maxime, *nil innovetur, il ne faut rien innover dans les anciens Formulaires de profession de Foi*, est une maxime fondamentale; & de-là suit necessairement la tolérance perpetuele & reciproque dans la meme Comunion, entre ceux qui expliquent, & qui expliqueront toujours ces Formulaires respectables d'une maniere opozée; tolerance qui ne peut subsister, sans la continuation du *Silence*.

Or de ce Silence suit la conservation de la Tranquilité Publique, & la pratique de la Justice & de la Bienfaizance entre ceux même qui souvent, sans le savoir, ont des opinions opozées soit sur lez Misteres, soit sur lez Ceremonies.

Telle est la maxime de la bone Police Crétiene & Civile, grand Silence, point de Concile: Tandis que le Silence sufit il ne faut point de nouveaux Formulaires, il faut seulement une

une Tolerance mutuele, Crétiène &
perpetuèle entre Téologiens : Ainfi
il ne faloit point que le Sinode de
Dordrecht fit de nouveaux Formulaires.

Cez confiderations me font penfer
que le Gouvernement en Holande fera de plus en plus indulgent, & re-
comandera de plus en plus à fes Téologiens de ne rien ajouter aux premiers Formulaires anciens, & pratiquer toujours la Tolerance reciproque fur la maniere d'entendre ces anciens Formulaires; pour empècher le
refroidiffement de la Charité Crétiène,
& pour afermir la Tranquilité Publique.

Il eft aizé de conclure que fi Char-
les-Quint, & les autres Souverains
d'Europe, cûffent *de bone heure* établi,
chacun chez eux, un Confeil Seculier de pure *Police Civile*, pour faire
obferver une ordonance *civile du Silence pacifique*, pour empecher les E-
crits & les Difcours publics & particuliers de Luter & de Calvin, &
de quelques autres Téologiens, foit
en Chaire, foit dans les Ecoles, foit
dans les Affemblées, foit dans les Livres,

vres ſur les Matieres conteſtées, les Miſtères ſeroient demeurez dans le meme degré de miſtère avec les Formules ancienes.

Lez Pratiques comunes ſeroient demeurées en leur entier en Alemagne, en Suède, en Danemarq, en Suiſſe, en France : Les Peuples n'auroient point pris parti dans la querèle d'un petit nombre de Téologiens : Et cez Téologiens eux-mèmes, ſuffizament intimidez par l'autorité *du Conſeil du Silence*, n'auroient ni écrit, ni prèché: Tout ſe ſeroit calmé peu à peu, & en cas pareil il n'i a que le calme ancien à dezirer.

Ainſi nos Pères n'auroient point eu bezoin d'aſſembler un Concile à Trente, pour operer ce calme ſi dezirable que le Concile n'opera point : Nous n'aurions eu en Europe que quelques erreurs tolérables, & trèz-excuzables ſur des Miſteres incomprehenſibles: L'autorité de l'Eglize Romaine ſeroit demeurée dans tous les Etats de l'Europe, en Suède, en Danemarq, en Angleterre, en Pruſſe, come elle i étoit de tout tems: Enfin nous aurions été exemts des grans malheurs

heurs des Schifmes, des Herezies, des Inquizitions, des Perfecutions , & fourtout des Guerres Civiles qui font les plus grans maux de la Societé Humaine.

De ces confiderations on peut conclure qu'il n'i a aucune Societé Crétiene qui puiffe fe garantir à l'avenir de cete efpèce de Maladie Téologique, fi dèzque les Difputes de Religion fur des Mifteres comencent à s'échaufer entre ceux qui s'apliquent à la Téologie, l'Autorité Souveraine n'établit promtement un *Confeil du Silence*.

Avec le prezervatif du Silence les excez de zèle d'un Parti pour fon opinion ne produiront plus d'efets danjereux, les erreurs dans lez Miftères ne feront pas plus funeftes à la Societé parmi les Crétiens, que les erreurs dans la Fizique parmi lez Fiziciens curieux; & les Homes, de quelque Religion qu'ils foient, auront le bonheur, malgré la diverfité & meme la contrarieté d'Opinions fpeculatives, de conferver toujours entre eux la charité & l'heureux lien de leur Societé

dans

dans la pratique, c'eſt-à-dire la paix & la tranquilité entre les Citoïens.

Peut etre qu'il peut ſe rencontrer quelques petits inconveniens dans la rigide obſervation du Silence ſur les Matieres qui ſont conteſtées *avec cha-leur*, ſoit touchant des Opinions de pure ſpeculation, ſoit touchant la pratique de certaines Ceremonies exterieures, qui ne regardent point les Euvres eſſentieles au Salut; c'eſt-à-dire l'obſervation perpetuele de la Juſtice, de peur de deplaire à l'Etre ſouverainement juſte, & d'etre condané à l'Enfer; & la pratique frequente de la Bienfaizance, pour plaire à l'Etre ſouverainement bienfaizant pour obtenir le Paradis.

Mais je ſoutiens premierement que les inconveniens qui reſultent de la naiſſance & de la continuation des Diſputes Téologiques, où il entre des termes ofenſans & des injures reciproques, ſont incomparablement plus nuizibles à la Societé & au Salut, que cez inconveniens.

Je ſoutiens en ſegond lieu, qu'il eſt du devoir de la Police Civile des

Cre-

Cretiens de faire ceſſer par *le Silence*, & par des peines ſufizantes contre lez infracteurs *du Silence*, lez injures, lez haines, & lez perſecutions reciproques entre lez Téologiens; qui pour ſe rendre plus parfaits Crétiens ſont aſſez inſenſez pour pratiquer des injuſtices & des perſecutions evidentes, qu'ils blameroient extremement, & qu'ils trouveroient fort criminèles dans lez Crétiens qui lez pratique- roient contre eux, & même dans lez Heretiques contre d'autres Hereti- ques.

Il n'i a aucun des Chefs de Parti qui ne conviène que cète pauvre Veu- ve d'un ſavetier d'Amſterdam, ocu- pée de nourir ſes enfans avec ſon tra- vail, qui ignore parfaitement en quoi conſiſte la Queſtion conteſtée avec tant de colère entre les Gomariſtes & les Arminiens, ou qui même eſt ſans le ſavoir dans la même opinion que ceux qui errent, ne laiſſe pas d'eviter l'Enfer ſi elle obſerve la Juſtice, & d'obtenir le Paradis ſi elle pratique la Douceur, la Patience, & les autres Euvres de Bienfaizance envers ſes voi- ſins, & cela pour plaire à Dieu.

M

Or

Or de-là il ſuit que ni l'ignorance, ni même l'erreur que peut cauzer l'obſervation du Silence ordonée par la Loi, ne peut jamais faire aucun prejudice à aucun Fidèle ſoumis à l'Ecriture & à l'Eglize Univerſelle : au lieu qu'il eſt evident que l'inobſervation du Silence eſt trèz prejudiciable à la Partie de la Religion qui comande la patience, la bienfaizance, la concorde & la paix ; & qu'elle eſt trèz-prejudiciable au bonheur de la Societé, qui a toujours pour baze la Tranquilité.

De-là il ſuit que pour operer ſon Salut, il ne faut point de Formulaires nouveaux ; & come il faut toujours de la patience, de la tolerance, de l'indulgence envers ceux qui prènent ſans le ſavoir l'Erreur pour la Verité, il eſt à-propos non pas de diſputer, mais d'obſerver le Silence de charité de chaque coté, juſqu'à ce qu'il plaize à la Providence de doner à tous le mème degré de lumière, pour ètre tous dans les Matieres Speculatives de la meme opinion.

Que l'on examine de prèz le motif réel de Gomarus & d'Arminius,

de

de ces deux Chefs de Parti qui se ba-
tent avec furie pour le succèz de leurs
Opinions & de leurs Ecrits, on trouvera que leur motif n'est point du
tout la douleur de voir daner quantité de Holandois, faute de savoir l'é-
tat de la Question.

L'exemple de la pauvre Veuve du
savetier qui, sans en avoir entendu parler, ne laisse pas de se sauver, cet exemple décide que le sujet de leur contestation n'est nulement essentiel au
Salut. Leur vrai motif est d'un coté
le dézir de surmonter son Adversaire,
& de l'autre la crainte d'en être vaincu : motifs purement humains, qu'ils
cherchent à cacher sous le nom *de
zèle pour la Verité & pour la Vraie
Foi*.

Il est vrai que pour interesser les
Spectateurs à leur combat, il faut
qu'ils dizent de part & d'autre qu'il
s'agit du Paradis & de l'Enfer ; mais
leur pretention est vaine, & l'exemple de la pauvre Veuve du savetier en
est une preuve démonstrative.

Or en ce cas-là, n'est-ce pas au
Magistrat Politique à impozer un Silence rigide à ces Combatans, à le

leur

leur impozer ſous des peines ſufizantes pour les faire taire? Et ces peines
ſufizantes ſont-elles ſufizantes, dèsqu'il eſt facile de les éviter?

Il s'eleva encore en Holande une
grande diſpute vers 1645 entre Cocceius & Voetius, deux celèbres Paſteurs, ſur la meilleure manière d'in-
terpreter l'Ecriture. Voetius reprochoit à Cocceius de doner trop dans
les Allégories. Cocceius reprochoit
à Voetius de s'atacher trop ſervile-
ment aux Explications Litéiales. Il
parut bientôt divers Ecrits trez-inju-
rieux de la part des deux Partis, qui
s'entr'acuzoient les uns de Saduceïs-
me, les autres de Farizaïsme.

Les Séculiers, & ſurtout les Dames,
comencerent à prendre parti. Mais
les Etats devenus plus ſajes, comi-
rent des Magiſtrats pour impozer un
ſilence exact aux deux Partis, ſous
peine de deſtitution. Quelques Paſteurs contrevenans des deux Partis
furent deſtituez, & enſuite retablis.
Aprèz la diſpute ceſſée, perſone n'é-
crivit & ne prècha plus ſur une Matière devenuë ſi delicate; le calme ſe
retablit; & il eſt actuèlement ſi bien
etabli

etabli, que perſone n'en parle, & que
les Paſteurs, quoique d'avis contraire
ſur cete Matière, n'en parlent plus,
ou tournent en raillerie la diférence
de leurs Opinions, ſans ſonjer à mettre du ſerieux & de l'aigreur dans la
Diſpute.

Ils ſont prezentement fort éloignez
d'écrire & de rompre le Silence.   Ils
ont enfin compris que pour conſerver la Charité, qui eſt la plus eſſen-
tièle de toutes les conditions neceſſaires pour le Salut, il faloit que, par
une Indulgence Crétiene, ils ſe pardo-
naſſent mutuellement leurs Défauts
involontaires, c'eſt-à-dire leurs Erreurs.

De-là on peut conclure que la Loi
qui défend de parler & d'écrire ſur un
Sujet, n'eſt pas une Loi ſufizament
ſaje; ſi par des Peines ſufizantes &
inévitables, & par un Conſeil ſufizament autorizé, le Legiſlateur ne
pourvoit pas ſufizament à ſon exécution.

De-là il ſuit que pour remedier
aux Maladies Politiques, & aux Agi-
tations ſemblables à cele que cauza la
Diſpute d'Arminius & de Gomarus,

il faut vizer à retablir promptement le calme par un *Silence exact*.

De - là il ſuit qu'il faut établir un Conſeil du Silence, & que ce Conſeil doit former un règlement, qui par divers articles montre en quel cas on rompt le Silence preſcrit par la Loi, & quelle peine merite telle & telle infraction du Silence.

De - là il ſuit que ce Conſeil doit ètre ſuſizament intéreſſé à infliger des punitions, & à faire executer le règlement, pour obtenir la tranquilité & la paix entre les mèmes Citoyens. *Et c'eſt le but que je m'étois propozé.*

OBJECTION I.

A ſuivre vos principes *du Silence*, quand il s'élève quelque conteſtation entre les Téologiens, il n'en faudroit jamais diſputer pour éclaircir la Verité, il ne faudroit jamais aucune décizion.

REPONSE.

1. Il n'eſt jamais défendu de diſputer dans la converſation & avec politeſſe,

teſſe, pour éclaircir la Vérité, & meme les Véritez les moins utiles à la
Societé & au Salut, ſurtout lorsqu'il
n'i a rien de miſtérieux & d'incomprehenſible dans la Queſtion : mais le
Magiſtrat Civil doit toujours empècher les Ecrits Publiqs entre Téologiens, ſurtout ceux où il i a de l'aigreur, de la haine, & des acuzations
atroces; particulièrement lorsque les
Gens-du-monde comenſent à i prendre part, il doit veiller à empècher
tout ce qui peut former deux Partis,
& altérer ainſi la concorde & la tranquilité des Citoyens.

2. Il i a des conteſtations ſur lesquelles il ſeroit à ſouhaiter que tout
le monde pût voir, avec évidence &
avec facilité, de quel coté eſt la Vérité ; mais il ne faut pas pour cela
qu'il en coûte aux Crétiens la perte
de la charité, & aux Citoyens la perte de la tranquilité publique; car alors
la perte ſeroit beaucoup plus grande
que le profit ; & dans ce cas l'ignorance, l'obſcurité, & même l'erreur,
ſont de beaucoup préférables à la Vérité, lorsqu'elle ne peut s'acheter que
par la perte de la charité entre Ci-
                toyens,

toyens , & de la tranquilité publique .

3. Dèzqu'il i a du mistère, dèsqu'il
i a de l'incomprehensibilité dans les
opinions des deux Partis opofez, il ne
s'agit plus d'eclaircir la Vérité, car
il n'i a rien à éclaircir là où l'on rencontre l'incomprehensible ; il faut
alors que chaque Parti se contente des
Formulaires anciens, fans pretendre
ni i rien ajouter, ni i rien retrancher,
& alors il ne faut point de décizion
nouvèle.

4. La décizion d'une Queftion
n'eft jamais nécessaire, tant qu'il n'eft
pas nécessaire que le bas - peuple la
conoisse pour se sauver. Or en bone
foi voudriez - vous nous persuader que
pour se sauver, la Veuve du savetier
d'Amsterdam eût eté dans la nécessi-
té de conoitre en quoi consiftoit la
contestation entre Arminius & Gomarus, & d'avoir une décizion fail-
lible ou infaillible fur cete Conte-
ftation?

O B-

OBJECTION II.

De votre principe du Silence il fuit qu'il feroit permis à tout Home de publier en Holande une Doctrine evidement Hérétique, par exemple fur la Trinité, fans qu'il fut permis à perfone de s'i opozer par des Ecrits Publiqs.

REPONSE.

1. Cete conféquence ne fuit point-du-tout du reglement du Silence; parceque ce reglement fupoze au-contraire plufieurs Sermons, plufieurs Ecrits déjà publiez de part & d'autre avec aigreur, & parceque cete Loi ne défend que la continuation de pareils Ecrits & de pareils Sermons.

2. Si la Doctrine nouvèle eft évidement Hérétique, le Magiftrat la verra Hérétique come le Téologien, & alors il n'a pas bezoin d'Ecrits pour juger qu'il la faut profcrire & en banir l'Auteur. Ainfi la neceffité du règlement du Silence pour des conteftations femblables à cèles de Gomarus & d'Arminius, fubfifte toujours

M 5   pour

pour conſerver la Tranquilité Publique.

OBJECTION III.

Suivant votre maxime du Silence,
le Concile de Nicée n'eut point eté
néceſſaire pour condaner l'opinion
d'Arius & des Ariens ſur la Divinité
du Redemteur, & ſur la Conſubſtan-
tialité du Verbe.

REPONSE.

1. Ce que l'Eglize Univerſelle a
trouvé néceſſaire de faire dans un tems,
étoit néceſſaire pour ce tems-là; ce
qu'elle trouvera dans la ſuite néceſſaire, le ſera auſſi, puisqu'elle eſt infaillible. Je ne parle que des cas dans
lesquels l'Eglize n'a pas encore jugé
neceſſaire d'aſſembler des Conciles
Généraux ſur des Matières conteſtées.

2. Si avant la convocation du Concile de Nicée, Conſtantin avoit ordoné le Silence durant quelques anées
ſous des peines ſufizantes, la Vérité
ſe feroit également maintenuë & con-
fir-

firmée avec le tems. Car enfin la Vérité ne peut abandoner l'Eglize Univerſelle, on a beau plonger pour ainſi dire la Vérité, elle revient toujours ſur l'eau, elle ſurnage par ſa nature; & dans les tems d'ignorance, d'obſcurité & d'erreur, les Fidèles n'auroient point fait des Chismes, ils n'auroient point eté desobeïſſans à l'Autorité Légitime, ni été par conſéquent Hérétiques. Ainſi ils auroient pu operer leur Salut dans la bone foi, dans le doute ſur les Matières conteſtées, & même dans l'erreur involontaire.

L'on auroit évité ainſi quantité de maux que cauzèrent les perſecutions à une infinité de Perſones pieuzes & de ſaints Perſonages, qui ſoufrirent dans la ſuite pour la Vérité qui avoit été décidée dans le Concile de Nicée; & l'on auroit évité quantité de guerres que cauza depuis l'hérézie d'Arius, & qu'elle ne cauza que parceque faute *d'un Conſeil de Silence*, il s'etoit formé deux Partis ardens à ſe détruire.

Mais enfin la Convocation une fois faite, l'Eglize par ſes Prelats etant
une

une fois aſſemblée, a décidé, & cela ſufit pour croire qu'aprèz la Convocation la décizion étoit néceſſaire.

3. Quoiqu'il en ſoit, on ne peut pas conclure du paſſé, que la Loi *du Silence* dans les conteſtations pleines d'aigreur ſur des Points miſtérieux, ne ſoit une Loi trez-ſaje, de laquelle il faut toujours eſſayer avant que d'en venir à des Conciles Généraux; remèdes qui peuvent quelquefois cauzer de grans malheurs au total du Criſtianiſme, malheur dont nous avons vû depuis deux-cens ans en Europe une infinité de facheuzes ſuites & de triſtes expériences.

Il ne faut pas oter la zizanie dans cète Vie, de peur d'aracher en mème tems le bon grain par la perte de la Charité.

Puisque l'erreur eſt un Défaut involontaire, & qu'il ne dane perſone, pourquoi perdre la Charité pour empècher que ce Défaut ne ſe multiplie?

4. Si tout le monde garde le Silence, il ſe fait une ſuſpenſion d'armes, nul ne fait de conquete pour ſon Parti, & le Silence ſeul diſſout & anéantit les Partis aprèz trois ou quatre

re ans de Silence ; on n'oſeroit en re-
parler, on craint d'etre tourné en ridicule de parler de vieilles nouvèles',
ou de Matières dont il n'eſt plus question : ainſi chacun demeureroit en
paix, & en concorde.

5. Au - reſte il faut toujours ſe ſouvenir du titre de ce Diſcours. Ce ne
ſont point des Obſervations Téologiques, je ne parle ni en Téologien, ni
aux Téologiens. Ce ſont des Obſervations purement Politiques Je ne
les adreſſe mème qu'à ceux qui gouvernent lez Etats Crétiens, pour conſerver, & mème pour augmenter à l'a-
venir la tranquilité des Crétiens; fondement du bonheur de leur Vie, &
premiere ſource des principales Ver-
tus Crétiènes.

OBJECTION IV.

Pourquoi un Conſeil pour faire obſerver le Silence ? Le Magiſtrat de
Police ne ſufit - il pas lui ſeul pour
punir les infractions ?

REPONSE.

1. Come il s'agit à l'égard d'un
Paſteur ſéditieux & zèlé pour la Vérité

rité & pour son opinion, de le priver de partie ou du total de son revenu durant un tems, & peut-ètre de sa liberté, il est à-propos qu'il i ait plusieurs Juges qui opinent & sur la contravention, & sur la sorte de punition que mérite la contravention; car là où il i a un Conseil, là les Homes vont plus souvent droit vers la Justice & vers l'Equité, les uns par respect pour les autres, & tous pour éviter la reputation de Juge ou ignorant ou corompu.

2. Il faut souvent ajouter des articles au règlement selon lez diferens cas, ou en modifier d'autres selon les circonstances des tems. Or le seul Magistrat de Police n'a pas assez d'autorité, il faut des Conseillers.

3. Un Home seul peut ètre trop partial dans une querele de Téologiens, & par conséquent il est à-propos que son autorité puisse ètre contrebalancée par un Juge ou impartial ou de parti contraire; & alors leurs jugemens iront plus souvent droit vers l'Equité, & surtout vers la Tranquilité, & par conséquent vers la plus grande Utilité Publique.

O B-

OBJECTION V.

Coment compozer votre Conſeil du
Silence de Conſeillers impartiaux?

REPONSE.

1. On ſupoze que la Diſpute n'eſt
qu'entre Téologiens, & on ſupoze
que les Magiſtrats Séculiers ne ſont
point Téologiens.

2. Des Magiſtrats craignent bien
plus la divizion & la diſcorde entre Citoyens, qu'ils ne craignent le progrez
de l'erreur; ils dézirent bien plus la
tranquilité & la concorde, qu'ils ne dézirent le progrez de leur opinion ou de
leur vérité; c'eſt qu'ils ſont bien plus
Citoyens que Téologiens. Ainſi dans
cete eſpèce de diſpute où la diſcorde
eſt à craindre, ſi l'on continuë à dis-
puter, ils ne ſeront partiaux que pour
l'obſervation du Silence.

3. Les Magiſtrats doivent mépri-
zer publiquement ces Diſputes Téologiques. On dit que Cocceius demanda un jour audiance à un Magiſtrat
contre Voetius, & que ce Magiſtrat
lui demanda brusquement, *Eſt-ce
que Voetius nie quelque article du Credo?*
Non reprit Cocceius. *Or bien,* dit

le

le Magiſtrat, *je n'ai point d'audiance à doner pour des bagatèles, & je regarde come bagatèles toutes vos queſtions ; puisque la ravaudeuze du coin de la rüe n'a bezoin que de ſon Credo, & d'être juſie & bienfaizante pour être ſauvée.* Le Miniſtre ſe plaignit dans le monde de la brusquerie du Magiſtrat ; mais il n'eut pas les rieurs de ſon coté, & il ſe tint enfin le reſte de la vie dans le Silence qui lui avoit été ordoné.

OBJECTION VI.

L'Obſervation du Silence laiſſera faire du progrèz à l'Erreur.

REPONSE.

1. Si le Silence eſt bien obſervé, on n'écrira plus, on ne parlera plus en faveur de l'Erreur, ainſi elle ne ſe multipliera point.

2. La multiplication de l'Erreur eſt un beaucoup moindre mal, que l'augmentation de la Divizion : *Or entre deux maux, ne faut-il pas choizir le moindre ?*

PRO-

PROJET

pour perfectioner le

COMERSE DE FRANCE.

PREMIER MEMOIRE.

PREFACE.

Hûreuzement pour nous, nous avons devant les yeux les grans avantages que le Comerfe Maritime produit à la Nation Angloize, furtout depuis environ foixante-dix ans. Ainfi nous pouvons facilement l'imiter, & nous fervir des mèmes moïens qu'elle a emploïez pour i reüffir.

Lez Habitans d'Anglererre ne montent qu'à environ douze milions, les Franfois montent environ à vint milions. Or fi nous avions fuivi les Maximes de Gouvernement propres à enrichir notre Nation, nous aurions un tiers plus de Matelots & de

N   Vais-

Vaiſſeaux Marchands que lez Anglois: au lieu que pour avoir ſuivi de mauvaizes Maximes, nous voïons qu'au lieu d'avoir le tiers plus de Matelots & de Vaiſſeaux qu'eux, nous n'avons pas ſeulement le quart de ce qu'ils en ont, pour augmenter nos richesſes.

Ce n'eſt pas que nous n'aïons beaucoup de Familles, qui ſe ſont exceſſivement enrichies en peu d'anées; mais nos Financiers ſe ſont enrichis aux dépens du reſte de notre Nation, tandis que lez Comerſans Anglois ſe ſont enrichis aux dépens des autres Natios trop peu laborieuzes, trop peu induſtrieuzes, & dont le Gouvernement ne conoit pas come eux les grans avantajes du omerſe, & ne done pas des proteƈtios ſufizantes, des ſecours ſufizans aux Comerſans Maritimes.

Lez mauvaizes Maximes de Gouvernement comencent à ſe décrediter parmi nous: mais à dire le vrai nous n'avons pas encore aſſez de conoiſſance, ni des grans effets du Comerſe Maritime, ni des caules de ces grans effets. Or c'eſt particulièrement pour

nous

nous tirer de cète honteuze & perni-
cieuze ignorance, que je me ſuis deter-
miné à raporter ſur cet important Su-
jèt les obſervations que j'ai faites, &
celles que j'ai ouï faire à ceux qui paſ-
ſent parmi nous pour les plus habiles
ſur cète Matière.

Dans la Prémière Partie de ce Prémier Mémoire, je metrai des Obſervations générales ſur l'Utilité du Comerſe.

La Segonde contiendra des Obſervations ſur les principaux Avantajes
du grand Comerſe Maritime.

La Troizième Partie contiendra des
Obſervations ſur les diférens Moïens
les plus eficaces & les plus utiles,
pour operer parmi nous cète grande
augmentation de Comerſe.

Dans la Quatrième, en repondant
aux Objections, je donerai dez eclair-
ciſſemens neceſſaires, & je propozerai
des experiences convenables.

A l'egard du Segond Mémoire, il
contiendra les Moïens de perfectioner
notre Compagnie des Indes.

                    PRE-

PREMIERE PARTIE.

OBSERVATIONS GENERALES

fur le

COMERSE.

Tout Comerſe eſt néceſſaire pour augmenter conſidérablement les richeſſes des Etats, & les comoditez des Sujets.

C'eſt une Maxime que l'experience a fait recevoir à tout le monde, mais tout le monde ne conoit pas les cauzes qui conſpirent à produire un effet ſi dézirable.

L'experience des Villes & des Nations qui ont excèlé autrefois, & l'experience de celles qui excèlent aujourdui dans le Comerſe, ſufit pour nous convaincre de la grande utilité du Comerſe, & pour nous exciter à ſuivre leur exemple. Mais je voi que tant pour confirmer cète Maxime, que pour mieux conoitre les Moïens les plus propres de la metre en pratique, il ne ſera pas inutile de découvrir,

&

& de faire toucher au doigt les cauzes ſimples mais cachées de cez efèts ſi aparens & ſi dézirables : C'eſt ce que je vais faire en abrejé dans ces Obſervations.

Je ne parle gueres dans cet Ouvraje que du Comerſe Maritime. Ce n'eſt pas que le Comerſe par Terre & les Manufactures ne méritent une grande conſidération ; mais parce que le Comerſe Maritime eſt de beaucoup le plus conſidérable, & come entre les Comerſes Maritimes celui de la Compagnie des Indes tient le premier rang, je m'i arèterai auſſi davantaje.

OBSERVATION I.

Le Comerſe eſt un échanje d'une Marchandize dont le Poſſeſſeur a beaucoup trop ou un peu trop, contre une autre Marchandize dont il manque tout-à-fait ou dont il n'a pas aſſez.

Il i a depuis lontems ſur la terre une autre Marchandize, dont il manque tout-à-fait, ou dont il n'a pas aſſez.

Il

Il i a depuis lontems ſur la terre une Marchandize que l'on done & que l'on reçoit en échange des denrées néceſſaires à la Vie, & des autres marchandizes. C'eſt l'Argent & même l'Or, ſelon leur pureté & leur poids. On ſe ſert même auſſi un peu de Cuivre pour les petites ſommes.

Celui qui echange ſon métail contre des denrées s'apèle Acheteur, & lorsqu'il échange ſes denrées contre du métail il s'apèle Vendeur.

OBSERVATION II.

Quand il ſe fait une vente entre Marchands, le Vendeur i gagne & l'Acheteur auſſi : Car ſans un gain reciproque & réel ou aparent, ni le Vendeur ne vendroit à tel prix, ni l'Acheteur de ſon coté n'achèteroit à tel prix.

Quelquefois l'un des deux ſe trompe; mais comunément, eu égard à leurs bezoins & à leurs intérèts, tous deux gagnent à l'échange ou au marché, quelquefois également, mais le plus ſouvent inégalement.

De-là

De-là il ſuit que multiplier les é-changes ou les ventes entre les Co-merſans, entre les Sujets d'une Na-tion, & entre Nation & Nation, c'eſt contribuër à les enrichir; diminuér le Comerſe, diminuer le nombre des echanges, des ventes, des achats en-tre Negocians, c'eſt diminuër leurs profits & leurs revenus .

OBSERVATION III.

Il i a des lieux où l'Or & l'Argent ſe tirent de la Terre, ces Métaux i ſont plus comuns, & par conſéquent moins chers ; par exemple au Perou, au Mèxique, d'où on les tire en abon-dance, ils ſont cinq ou ſix fois moins chers qu'en Europe, d'où l'on porte aux Américains des Marchandizes qui leur manquent, & cela en échange de leurs Métaux.

Avec vint marqs d'Argent on a qua-tre fois moins de Vivres, d'Etofes de manufactures à Lima, à Mexique, qu'à Londres; & les Vivres ſont un quart ou un cinquième plus chers à Lon-dtes, qu'à Paris.

A Siam & aux Indes on a pour vint marqs d'argent quatre fois plus de Vivres, de Marchandizes, de Manufactures, qu'à Londres.

De-là il fuit qu'il i a beaucoup à gagner à porter à Lima & à Mexique des Manufactures de Londres, pour avoir de l'or & de l'argent, & à porter de Londres à Siam & à la Chine de l'or & de l'argent, pour avoir des marchandizes, come de la Soye, des Epiceries, qui fe revendent en Europe beaucoup plus cher qu'à Siam, & aux autres Roïaumes des Indes.

OBSERVATION IV.

De-là il fuit que le Comerfe des Indes ira tous les jours en diminuant par le tranfport de notre monoie, & qu'il finira lorsqu'il i en aura à-peu-prèz autant qu'ici.

De-là il fuit auffi que le Comerfe des Nations les plus comerfantes, ira tous les jours en diminuant, à-mezure que les Nations les moins comerfantes augmenteront le uombre de leurs Vaiffeaux.

O B-

OBSERVATION V.

Si ce que l'on tire en Amérique d'or & d'argent va toujours en diminüant, il arrivera que les Denrées pour la vie & nos Manufactures ſe vendront pour moins d'argent, qu'elles ne ſe vendent à-préſent ; & notre Comerſe par conſéquent deviendra de ce coté-là moins lucratif. Ainſi il faut nous hâter de prendre avec les Nations les plus comerſantes notre part du profit, car la diminution du profit du Comerſe Maritime peut venir de trois Cauzes.

La Prémière, de la diminution des Mines.

La Segonde, de la diminution du Travail des Mines.

La Troizième, de ce que les Marchandizes reviendront à la longue à-peu-prèz au meme prix tous frais faits là où nous les portons, que là d'où nous les portons.

De-là il ſuit qu'il faut varier le Comerſe ſelon que le prix des Marchandizes varie, tantot dans un Peys, tantot dans un autre.

 De-

De-là il fuit que les Marchands ne fauroient etre trop fouvent, & trop furement informez des diferens prix des Marchandizes dans les diferens Peys.

En général on peut prendre pour maxime qu'à péril égal, à induftrie égale, le Comerfe qui raporte le plus pour l'argent que l'on avance, eft préférable à celui qui raporte moins anée comune, compozée de dix anées de fuite. Car il faut néceffairement faire des anées comunes de dix ans en dix ans, autrement les concluzions tirées des calculs fe trouvent fauffes; & voilà pourquoi il faut & des regitres anciens, & d'habiles gens qui lez relizent fouvent, & qui puiffent tirer des concluzions falutaires des faits paffez.

OBSERVATION VI.

Celui qui porte fes Marchandizes à moins de frais gagne plus, que celui qui fait plus de frais de transport.

Ainfi celui qui fe fert de chariots, tranfporte avec moins de frais qu'avec

des

des chevaux & des mulets : Celui qui
tranſporte ſes Marchandizes dans un
bateau tiré avec des chevaux ſur un
canal , fait vint fois moins de frais
que celui qui ſe ſert de chariots :
Celui qui a l'adreſſe de ſe ſervir de la
liquidité de l'eau, des vents, des
marées, & meme de la nuit durant
le ſomeil, a l'avantaje d'épargner la
nouriture des homes & des chevaux ;
& voilà pourquoi le reſte etant égal
le Comerſe Maritime eſt plus lucratif pour une Nation, que le Comerſe
par terre & par les rivières navigables. Lez Navigateurs ſavent metre
le vent à profit, come nos Machini-
ſtes dans les moulins ſavent metre à
profit pour l'uſaje de la vie, tantot les
courans d'eau, tantot lez courans d'air
ou des vents .

OBSERVATION VII.

Entre deux Nations également
nombreuzes, celle où il i a le double de travail corporel, & le double
de travail d'eſprit ou d'induſtrie, le
reſte étant égal, doit devenir en peu
de tems beaucoup plus riche, & même

me beaucoup plus hûreuze, que celle où il ne se trouve que la moitié moins de travail & d'induftrie.

De-là il suit que l'on ne sauroit trop procurer à la Nation de moïens, tant pour travailler que pour exercer utilement son induftrie.

OBSERVATION VIII.

Il i a des travaux plus utiles, & d'un plus grand raport les uns que les autres ; or le Comerse Maritime eft de tous les Comerses le plus lucratif. Les journées des Matelots, parcequ'ils hazardent leur vie, se peyent trois fois plus cher, que les journées du Chartier ; mais leur travail & leur induftrie eft emploïée bien plus utilement dans le Comerse Maritime, que dans le Comerse de Terre.

De-là il suit que le refte étant égal, notre Miniftère doit porter la Nation le plus qu'il eft poffible au Comerse Maritime, & hûreuzement la France a de bons Ports, & en nombre sufizant, & bien situez sur les deux Mers ; elle a des Sujets actifs, laborieux, induftrieux, & en si grand nombre qu'il i a quantité de familles qui manquent

quent de travail : ainſi notre Nation peut faire beaucoup plus facilement, que pluſieurs Nations d'Europe, la plus grande partie du Comerſe de la Mediterranée.

OBSERVATION IX.

Il i a beaucoup de Comerſe où les Comerſans de meme Nation ſont pour leur intérèt particulier portez à traverſer leurs Concurrans, ce qui tourne au grand préjudice de la Nation. Ils donent leurs Marchandizes à meilleur marché, pour forcer leurs Concurrans à les donner au même prix, & les degoûter ainſi du Comerſe. Voilà pourquoi il a falu faire une grande Compagnie de Comerſe, & i reünir beaucoup de Comerſes particuliers, afin d'oter cet inconvenient de l'Intérèt particulier opozé au Bien général.

Il i a une autre grande raizon pour former des Compagnies ; c'eſt que pour les Comerſes lointains il faut des établiſſemens & de grandes dépenſes, qui ne peuvent produire que pluſieurs anées après. Il faut donq un premier fond trèz-conſidérable, ce qui ne ſe

peut

peut former que par une grande Compagnie; & voilà pourquoi notre Compagnie des Indes peut devenir tous les jours plus avantajeuze à la Nation, furtout lorsqu'elle fera bien régie. C'eſt le fujet du Segond Mémoire fur le Comerſe.

OBSERVATION X.

La Nation Efpagnole à cauze de l'Inquizition, à cauze de fes grandes Colonies de l'Amérique, n'eſt plus fi nombreuze que la Nation Holandoize. Mais ce nombre fufiroit encore & au-delà, pour faire un Comerſe égal aux Holandois. Les Espagnols ont de plus la plus hûreuze fituation & les plus beaux ports du Monde, & c'eſt dans l'etenduë des Terres de la domination d'Efpagne que l'on tire presque tout l'or & l'argent qui fe repand dans toutes les Nations de la Terre : mais hûreuzement pour leurs Voizins, ils font pareſſeux , & leur Gouvernement mal conſtitué ne les anime à aucune entreprize du Comerſe; mais come ils peuvent fortir de leur fomeil, il

faut

faut que les Franſois ſe hatent, en augmentant leur Comerſe Maritime, de profiter de cet intervale létargique; il faut qu'ils tirent leur part de ce profit, & s'il eſt poſſible il faut que cète part ſoit égale à celle qu'en tirent les Anglois & les Holandois.

SEGONDE PARTIE.

PRINCIPAUX AVANTAJES

DU

GRAND COMERSE.

Si j'entreprens de demontrer les grans avantajes qui doivent revenir à un Etat de la grande augmentation du Comerſe Maritime, ce n'eſt pas pour produire une demonſtration ſterile & purement ſpeculative : C'eſt dans la vuë d'engajer ceux qui auront dans la ſuite la principale part au Gouvernement de notre Nation, à regarder come un ſoin des plus néceſſaires, & une depenſe des plus utiles, le ſoin qu'ils prendront d'augmenter tous les jours

jours le Comerfe Maritime, & les depenfes qu'ils feront faire à l'Etat pour affurer le Comerfe par des Fortifications, par des Garnifons, par des Vaiffeaux de convoi, & meme par des Avances, pour encourager ceux qui propozent des entreprizes avantajeuzes.

Sans une pareille efperance je laifferois-là mes Obfervations, & je porterois mes vuës fur d'autres Matieres inportantes à l'augmentation du Bonheur de notre Nation.

OBSERVATION. I.

L'Augmentation du Comerfe augmentera le travail & l'induftrie de la Nation.

Tout travail eft pénible, & lorsque l'Home voit que fon travail ne lui raporte pas, ou ne lui raporte pas fufizament, il demeure oizif, & ne fe done pas des peines inutiles.

Mais

Mais là où le travail eſt bien peyé, les Homes travaillent volontiers & beaucoup. Or là où il i a beaucoup de comerſe, les Negotians peyent bien les Manufactures, & les Fruits de la terre ; parceque les transportant ailleurs, ils les vendent beaucoup plus cher qu'ils ne les achètent.

Lez Habitans des Peys froids ont plus de bezoins, ils manquent davantage. Ils ont plus bezoin d'habits, ils ont plus bezoin de feu. Les chemins, à-cauſe des pluyes, ſont plus dificiles à entretenir. Ils ont plus bezoin de bâtimens, contre la pluye & contre le froid. Ainſi il n'eſt pas étonant qu'ils ſoient plus laborieux, que les Habitans des Pays chauds, le travail eſt meme plus penible dans les Pays chauds. Ainſi il n'eſt pas etonant que les Habitans les plus proches de la Ligne Equinoctiale ſoient plus pareſſeux & moins laborieux, & par conſéquent moins induſtrieux que ceux qui habitent des Climats plus éloignez de la Ligne.

Le Travail a quatre avantages pour une Famille.

O

i. II

1. Il raporte des richeſſes & des comoditez.

2. Il rend les plaizirs plus ſenſibles; car la ſenſibilité eſt dautant plus grande, que celui qui goute du plaizir ſort d'une ſituation pénible & plus pénible.

3. Le Travail diminuë la ſenſibilité pour les maux ; car ceux qui ſont déjà acoutumez à quelques peines, ſentent moins les autres petites peines.

4. Le Travail acoutume à la règle, à la diſcipline, à l'obſervation de la Juſtice. C'eſt que dans le travail l'esprit s'acoutume à plus d'atention, & l'Home laborieux , atantif & riche, eſt plus porté à rendre juſtice, afin qu'on la lui rende, que le Fainéant qui n'a rien à perdre.

De - là on peut conclure que le Peuple qui eſt le plus laborieux, eſt le plus riche, le plus juſte, le plus facile à gouverner, & le plus hûreux.

Là où il i a un grand Comerſe, non ſeulement le Peuple i eſt plus laborieux & plus induſtrieux, mais les Riches mêmes i ſont plus laborieux qu'ailleurs : les plus riches Marchands

chands ne ſont jamais ſans ocupation.

Là où les Riches ſont laborieux, ils font moins de dépenſes inutiles : c'eſt que rien ne leur aprend davantage la valeur des richeſſes , que les travaux & les ſoins qu'ils emploient à les aquerir.

C'eſt diminuer les maladies d'un Etat, que d'i diminuër la ſainéantize & les dépenſes de luxe.

Presque toutes les ſortes de Manufactures & de Denrées entrent dans le Comerſe maritime, ſoit come marchandizes de tranſport, ſoit come marchandizes de conſomation. Or les Marchands qui gagnent plus ſur une marchandize , l'achètent plus cher, & tels ſont lez Marchands maritimes.

OBSERVATION II.

Diference d'utilité dans les travaux des Sujets.

Il eſt certain qu'il i a des travaux plus utiles aux Travailleurs, les uns que les autres. Or il eſt vizible que

O 2

les

les travaux faits pour les Comerſes les plus lucratifs, tels que ſont ceux du Comerſe des Indes, ſont les plus lucratifs.

Là où il i a beaucoup de ſortes de Comerſes, là il eſt plus aizé de comparer les plus utiles, & de s'y atacher. Or le Comerſe où la mème avance d'argent, le meme travail, la mème induſtrie, le mème péril, raporte dix, vint pour cent davantage, eſt le Comerſe du coté duquel plus de Comerſans ſe tournent.

Come il i a des Comerſes qui ceſſent d'etre les plus lucratifs dans un tems, tandis que d'autres qui avoient ceſſé d'etre fort lucratifs recomencent à redevenir les meilleurs, les habiles Comerſans i ſont fort atantifs, & ſont bien plus tacilement & plus promtement inſtruits de ces changemens, là où il i a beaucoup de diferens Comerſes, que dans une Nation où il i en a de peu d'eſpèces. Ainſi l'on peut dire que les Nations qui font le plus grand Comerſe de toutes les eſpèces, font toujours les Comerſes les plus utiles; mais elles ne négligent pas de faire de petits profits, dans les tems

où

où elles ne peuvent en faire de plus grans.

OBSERVATION III.

On tirera plus d'utilité de l'Argent.

Un Fermier d'une terre labourable qui, de ſon travail & de ſon argent, tire quinze pour cent de profit eſt fort content ; au lieu que le Marchand maritime tire quarante, cinquante, quatre - vint pour cent & davantaje, tous frais faits.

OBSERVATION IV.

Les Colonies aporteront plus d'u-tilité.

Come nous avons des terres dans tous les Climats, on peut auſſi i planter du Tabac , des Canes de ſucre, du Café, du Thé, des Cotoniers, des Meuriers, & nous pouvons i découvrir des Mines : ainſi plus notre

Co-

Comerse maritime croitra, plus nous aurons de moïens de tirer plus d'utilité de nos Colonies.

Exemple tiré du Café planté depuis peu dans l'Ile de Bourbon.

OBSERVATION V.

Il se fera un plus grand nombre de Ventes mobiliaires.

Plus il i a d'argent parmi les Comersans lorsqu'il est en grand mouvement, plus il i a de facilité pour faire des échanges, c'est-à-dire des ventes & des achats de choses mobiliaires : car il faut bien se garder d'emploïer l'argent du Comerse en chozes immobiliaires, qui ne se revendent pas si comodément. Or nous avons montré que les Marchands ne font ni ventes, ni achats sans profit. Donq plus il i aura d'echanges, plus il i aura de profits, tant pour les Particuliers que pour l'Etat.

OB-

OBSERVATION VI,

Le nombre des Habitans augmentera.

Nous ſomes dans le voizinage de quelques Nations qui font peu de Comerſe, & dont les Peuples gagnent moins chez eux qu'ils ne gagnent chez nous. Ils viendront là où il i aura plus à gagner, & pluſieurs s'i établiront, ainſi lez Etrangers augmenteront notre Nation. Or plus la Nation ſera nombreuze, plus elle ſera riche & formidable à ſes Enemis, tandis-qu'il i aura des Nations enemies en Europe : car il poura bien ariver que dans quelques anées il i ait en Europe un Arbitraje Europain, qui i empèche les guerres entre les Souverains d'Europe, come l'Arbitraje Aleman empèche les guerres entre les Souverains d'Alemagne.

Avant mème la Revocation de l'Edit de Nantes, il paſſoit tous les ans beaucoup de Franſois qui s'établiſſoient en Holande, parcequ'il i avoit plus de Comerſe d'argent qu'ailleurs.

O 4

OB-

OBSERVATION VII.

Plus de facilité pour faire la Guerre Defensive avec superiorité.

1. La Franſe a pour voizins beaucoup de Nations, où il eſt facile de faire des ſoldats, & même d'en acheter de tout faits. Or plus il i aura d'argent en Franſe pour le Comerſe, mieux on poura peyer les ſoldats etrangers, les troupes étrangères.

2. Les Suedois, les Polonois avec deux milions feront plus pour nous, que nous avec quatre & même avec ſix; car ils auront le double de troupes, & agiront avec ardeur pour leur agrandiſſement contre les Enemis comuns.

3. Beaucoup de Soldats & d'Officiers étrangers s'etabliront parmi nous, & augmenteront la Nation.

4. Ce qui décide dans les Guerres, c'eſt la facilité de faire les deux prémieres campagnes avec une grande ſuperiorité; car en fezant de grandes con-

conquètes, nous augmenterons nos forces du double; puisque le Conquerant diminuë d'autant les forces de ſon Enemi pour les anées ſuivantes, & lui ote ainſi le pouvoir de nuire.

OBSERVATION VIII.

Le progrez du Comerſe produira le progrez des Arts & des Siences.

1. Le Roi plus riche pourra gagner avec de groſſes penſions les bons Manufacturiers etrangers, & les plus ſavans dans les Arts & les Siences qui fleuriſſent parmi eux.

2. Le Roi ſera plus en état d'aider l'établiſſement en Franſe des Manufactures étrangères en ſoye, en laine, en coton, en teinture, en vernis, en porcelaines &c.

3. Le grand Comerſe Maritime donera de grandes facilitez pour multiplier dans nos Colonies nos Obſervations d'Aſtronomie, de Fizique, de Géografie, d'Agriculture, de Medecine &c.

OB-

OBSERVATION IX.

Plus les Sujets feront riches, plus le Roi fera riche.

Plus les Particuliers d'un Etat feront riches, plus ils peuvent peyer au Roi & à l'Etat de grans fubfides dans les ocazions, & avec moins d'incomodité. Or un Roi fage, avec un peu plus de fubfides, poura faire une infinité d'Etabliffemens, qui raporteront à fes Sujets un revenu double de l'augmentation de leurs fubfides: Par exemple, les fubfides emploïez pour diminuër la Vénalité des Charges du Confeil, pour établir une Académie Politique, pour établir la Métode du Scrutin, pour perfectioner l'Education du coté de la pratique de la Juftice & de la Bienfaizance, pour perfectioner tellement les Loix Civiles que lez fources des procez fûffent diminuées de moitié, pour rendre les Chemins, les Voitures & les Cabarets la moitié plus comodes, pour établir dans l'Academie des Siences un Bureau pour perfectioner la Medecine,

ne , pour établir la Taille tarifée,
pour etablir les Emprunts de l'État
par lez annuïtez , pour établir une
nouvelle Forme de gouvernement
dans la Compagnie des Indes & dans
les autres Fermes du Roi : les ſubſides, dis-je, raporteroient le dóu-
ble, le triple, le quadruple du revenu, ou d'autres avantajes équivalens,
au Peuple qui peyeroit cez ſubſides.

OBSERVATION X.

Avantajes de la pauvre Nobleſſe.

La pauvre Nobleſſe n'a en Franſe
que les emplois de la Guerre & les
benefices du Clergé, pour retablir ſes
afaires. En Angleterre elle a de plus
le Comerſe, & l'on voit dans les magazins dez Marchands pluſieurs cadets frères de Milords, qui aprenent le
Comerſe pour aquérir par leur travail
& par leur induſtrie dez biens que
leurs Parens ont doné à leurs aînez.
Or nous pouvons , par l'augmentation du Comerſe Maritime , doner
co-

come les Anglois cete reſſource à notre pauvre Nobleſſe.

OBSÉRVATION XI.

Plus de Travailleurs, & nuls Mandians.

On ne voit point en Holande de Mandians : c'eſt que d'un coté il i a ſufizament de Maizons de corection, ſoit pour les Mandians fainéans, ſoit pour la Jeuneſſe libertine ; & de l'autre, aſſez de Manufactures ſoutenuës par l'Etat, où tous ceux qui manquent de travail ſont utilement emploïez. Souvent l'Etat ne perd rien à renfermer les Mandians : mais quand ces Manufactures lui ſeroient un peu à charge d'un coté, il i gagne toujours beaucoup de l'autre, en délivrant l'Etat des grans dezordres & des grans inconveniens de la faineantize & des vices des Mandians.

Or quand plus de Sujets ſeront ocupez, les Hopitaux & les Maizons de corection ſeront moins chargez, & l'on ne verra plus de Mandians. OB-

OBSERVATION XII.

Plus de diſpoſition à faire durer la Paix.

1. Les États qui fleuriſſent par le Comerſe ſont bien plus diſpoſez à faire durer la Paix, puisque l'on ne peut faire de comerſe qu'avec lez Nations avec lesquèles on eſt en paix.

2. Plus l'État ſera tourné vers le Comerſe, plus les Miniſtres & les Sujets verront combien la Guerre cauze de pertes, & combien la Paix aporte de biens.

3. Les Voizins pacifiques auront plus de confiance à une Nation dont le Gouvernement eſt tourné au Comerſe : car alors ils verront que ceux qui la gouvernent, ne ſongent point à faire de conquètes qui coutent beaucoup plus qu'elles ne valent, & qui atirent beaucoup d'enemis ; & qu'ils ne ſongent au-contraire, qu'à faire jouïr les Sujets des bienfaits de la Paix.

O B

OBSERVATION XIII.

Plus de difpofition à une Ligue Generale pour la confervation reciproque des Etats.

Ce qui peut éloigner certains Princes d'une Ligue générale pour la confervation dez Souverainetez en l'état qu'elles font, c'eſt le dézir de s'agrandir & de faire valoir certaines pretentions.

Ce qui peut les empecher de convenir que leurs diferens préfens ou futurs feront decidez par lez Aliez, à la pluralité des voix pour la provizion, & aux trois quarts pour la définitive ; c'eſt l'efpérance d'avoir pour-ainfi-dire plus beau jeu par la voie de la Guerre, que par la voie du Jugement dez Aliez.

Mais plus un État fera floriffant par le Comerſe, plus il craindra la Guerre, moins il dézirera les conquètes ; & s'il eſt plus puiffant que fes Voizins, plus il aura de facilité à former, peu-à-peu & par parties, la Ligue générale

rale pour la conſervation reciproque des Etats ; c'eſt à-dire l'Arbitraje permanent pour la décizion ſans guerre de tous lez diferens prézens & avenir entre Souverains, & pour conſerver les Etats Monarchiqus, malgré les tems d'afoibliſſement & de divizion.

TROISIEME PARTIE.

MOIENS DE PERFECTIONER

LE

COMERSE MARITIME.

OBSERVATION I.

Perfectioner les Loix Maritimes.

Nous avons des Loix pour les Marchands ; mais il i manque beaucoup de chozes, & il faut les perfectioner dans un Bureau exprèz.

Ob-

OBSERVATION II.

Jurisdiétion du Comerſe.

Les Juges du Comerſe doivent avoir exercé le Comerſe durant dix ans au-moins, & demeurer dans les Viles Maritimes.

Il faut deux Chambres dans un Port : l'Inférieure qui juge les provizions des Matières inportantes ſauf l'apel, & lez petites Cauzes prézidialement & ſans apel, jusqu'à la ſomme d'environ trois-cens livres. Cète Chambre ſera compozée de huit Juges choizis au ſcrutin par les trente plus riches Négocians ou Marchands de la Ville.

La Chambre Supérieure jugera en dernier reſſort les Apelations des afaires de Comerſe entre Marchands & Marchands ; & les Juges, lorsqu'il vaquera des places, ſeront choizis du nombre de ceux qui auront exercé dans la premiere Jurisdiétion, & au ſcrutin.

OBSERVATION III.

Honeurs & Emulation.

1. Il faut que l'Etat done des honeurs & des marques de diſtinction aux Marchands conſidérables eſtimez pour leur probité.

2. Il ne faut point permetre ni la Vénalité des Charges, ni la maudite metode des Recomandations ; mais il faut i introduire la metode du Scrutin perfectioné, dont j'ai parlé dans le plan général du Gouvernement, quand il s'agira de diſtribuer deux ou trois Lettres de Nobleſſe, ou les Lettres de Baron ou de Comte.

OBSERVATION IV.

Compagnie de Cadets.

Pour perfectioner davantage la Profeſſion des Marchands Maritimes, il ſeroit à-propos que le Roi entretint au Port-Louïs une compagnie de trente Cadets Nobles, & autant dans le principal Etabliſſement de la Com-

pa-

pagnie dans les Indes, choizis dans les claffes de trente pareils dez le Colège.

1. Pour i aprendre, dans deux ans de féjour, fous des Maitres lez principes de la Navigation & du Comerfe, & les Langues Comerfantes.

2. Pour voïager dans les Vaiffeaux come Cadets, & pour fupléer lez uns aux Enfeignes, les autres aux Ecrivains du Vaiffeau.

3. Ils remplaceroient ces Oficiers, & ce remplacement feroit fait au Scrutin entre eux dans le Port.

De cète manière le Comerfe Maritime fe peuplera peu-à-peu en cent ans de l'Anciene Nobleffe, dont les un feront Capitaines, les autres Directeurs, les autres dans les Emplois Subalternes, & tout cela viendra de deux pepinières de cez deux Compagnies.

J'apèle Anciène Nobleffe la Famille qui prouvera par titres une filiation noble depuis deux-cens ans, par un jugement du Bureau de la Nobleffe.

Cez deux Compagnies ne ſeront pas formées tout d'un coup, mais on en choizira tous les ans dix entre les Ecoliers de Paris, dont lez Parens auront doné leur nom au Regiſtre de la Compagnie, aprèz qu'ils auront ateint l'age de quinze ans. Les trois Oficiers propoſez pour ce choix, s'informeront de leurs mœurs, & des places qu'ils auront dans leurs Claſſes.

Come pour remplir les places qui vaqueront tous les ans dans ces deux Compagnies de Cadets, il ne faudra au plus que dix Cadets; on ne poura pas craindre qu'un trop grand nombre de Nobleſſe abandone la Guerre, pour ſe jeter dans le Comerſe; & il n'i aura point de faveur & de recomandation à craindre, puisque ce choix ſe fera entre pareils qui auront étudié enſemble, ſuivant la métode du Scrutin.

 OB-

OBSERVATION V.

Lettres de Noblesse.

1. Pour honorer encore plus la Profession des Marchands Maritimes, il est à propos que le Roi done tous les deux ans une Patente de Nobles-se à une Famille de Marchands dans une dez douze principales Villes Marchandes du Roïaume, Paris, Roüen, St. Malo, Port-Louïs, Nantes, La Rochelle, Bourdeaux, Bayonne, Marseille, Lion & Strazbourg, & cela au Scrutin des trente plus riches Marchands de chacune de ces Villes. Le Roi nomera les troix premiers Marchands, ceux-ci nomeront le quatrième, ces quatre nomeront le cinquième par Scrutin, & ainsi de suite jusqu'à trente.

Cez Villes circuleront dans le rang que je viens de nomer; mais je demande qu'il i ait une condition dans les Titres de Noblesse, qui est que les Enfans qui iront s'établir ailleurs que dans la Ville de Comerse avant

cin-

cinquante ans depuis la date de cez
Lètres, ne jouïront point du privilège de Noble, & ſeront cenſez avoir
dérogé.

2. Afin que la Nobleſſe ne ſe multiplie pas trop, il ſera peut-ètre à-
propos de diminuer un peu les principales routes qui donent la Nobleſſe
par des Charges Vénales, & d'ou-
vrir de nouvèles routes pour en a-
querir dans la Guerre, par exemple en devenant Oficier-Général.

3. Cète permiſſion d'anoblir une
Famille, eſt un des Treſors de l'Etat
qu'il faut bien ſe garder de prodiguer,
car il ceſſeroit d'etre Treſor, mais il
faut en faire uzage pour la plus grande Utilité Publique. Or il eſt vizible que nous n'avons pas juſqu'ici aſſez honoré la Profeſſion de Marchand
en Gros, & ſurtout de Marchand Maritime. Je ſuis mème étoné que les
Holandois ne donent pas des Lètres
deNobleſſeHéréditaire à deux ou trois-
mille Familles de celles qui ont exercé, ou qui exerçent les principaux
Emplois de leur République & de
leur Compagnie des Indes.

<table>
<tr><td>P 3</td><td>4. De</td></tr>
</table>

4. De cète manière on remplacera les Familles Nobles qui s'éteignent, & ce fera en donant de l'émulation pour avancer le Comerfe, & pour i faire demeurer les Anciènes Familles de Comertans dans lez Viles Marchandes & dans le Comerfe, au-moins durant deux ou trois généra-tions.

OBSERVATION VI.

Diftinction entre les Nobles.

1. Quand il i aura dans le Comerfe trente Nobles, le Roi acordera à un d'entre eux choizi au fcrutin un Titre de Comte ou de Marquis ; mais ces Titres ne feront que perfonels, au lieu que le Titre de Noble fera héréditaire.

2. Il feroit à-propos qu'il i eut dans les premiers Magiftrats de pareilles diftinctions perfonèles, & fourtout pour les doubles voix un fur trente, & choizis au fcrutin.

OB.

OBSERVATION VII.

Secours & Protection.

Il faut examiner ce qui empêche les Franſois d'augmenter leur Pêche de la Baleine, leur Pêche du Harang, leur Pêche de la Moruë, & lever les obſtacles. C'eſt au Roi & à l'Etat à aider les Négocians, ſoit de crédit, ſoit d'argent, ſoit de protection. C'eſt ainſi qu'en uzent lez Anglois : Ils comptent habilement ces ſortes de dépénſés & d'avancés de déniers au nómbre des Dettes de l'Etat, & au nombre des Profits que peut faire l'Etat.

OBSERVATION VIII.

Fortifications, Garnizons, Vaiſſeaux de Guerre.

1. La principale protection que l'Etat eſt obligé de doner au Comerſe, ce ſont des Places du fûreté, & des Vaiſſeaux de convol. Il faut

que

que le Roi regarde cète dépense, come une dépense absolument nécessaire.

2. Mais come ces Forces doivent etre emploïées pour la plus grande Utilité du Comerse, il faut que les Comandans des Places puissent ètre destituez par le Conseil du Comerse; afin qu'ils agissent & se gouvernent, non contre, mais pour les intérèts de la Compagnie & selon ses dézirs.

OBSERVATION IX.

Plantation des Colonies.

1. Nous avons diverses Colonies sous les Climats chauds & froids, & de toutes sortes de Terroirs : Ainsi il n'i a point d'Arbres, de Plantes & d'Animaux, que nous ne puissions elever ou en France, ou dans nos Colonies. Il n'est question que de comencer à i planter, & à lez peupler d'Animaux.

2. Nous avons déjà hûreuzement fait des essais pour le Café, pour

le

le Tabac, pour le Sucre; il n'i a qu'à en faire d'autres, & à continuër.

3. S'il nous manque de bons Ouvriers, ou Indiens ou Etrangers, pour leur enlever peu-à-peu leurs Manufactures & leurs Teintures, & les faire en France; il faut leur doner de bones penſions, afin qu'ils vienent ici avec leurs Familles; depenſe trèz-utile à l'Etat.

4. On ne ſauroit trop planter de cotoniers, de meuriers, & faire trop venir de coton & de ſoye en bales, & trop peu d'ouvrajes de ſoye & de coton en France, de peur de ruiner nos Manufactures.

5. Rien ne nous empeche d'avoir des Plantations de Cacao, de Quinquina, de divers Bois de Brezil, &c.

OBSERVATION X.

Ile de Bourbon.

L'Ile de Bourbon eſt à vingt degrez de Latitude Méridionale: Il i à un

Eta-

Etabliſſement & des Plantations de Café qui reüſſiſſent à merveille, & mieux qu'à Moko meme, qui eſt à quatorze degrez de Latitude Septentrionale ; mais cete Ile n'a pas de bons ports. L'Ile Maurice, qui eſt à trente lieuës à l'Eſt ſous le meme paralèle, a deux bons ports. On pouroit en choizir un & le bien fortifier, & i faire un grand Etabliſſement où il i auroit de grans Magazins pour les Vaiſſeaux & pour lez Marchandizes d'Europe & des Indes ; elle eſt à 180 lieuës du Cap de Bone-Eſperance.

Ceux d'Europe ne feroient que décharger les Marchandizes d'Europe, & charger celles des Indes, & remetre à la voile. Ceux de la Chine & de Pondicheri n'auroient qu'à décharger les leurs, & ſe charger des Marchandizes d'Europe.

1. La Navigation pouroit ſe faire ainſi tout d'une traite, ſans s'arèter pour faire du bois ou de l'eau, ſi ce n'eſt à Ste. Heléne.

2. La Compagnie i épargneroit beaucoup de tems, parceque les équipages feroient toujours en Mer ocupez à voiturer, & non à atandre l'achat

des

des Marchandizes. Je dois pluzieurs de cez vuës à un Home habile dans ces Matieres, qui ne veut pas ètre nomé.

OBSERVATION XI.

Colonies .

Il ſeroit à-propos pour les Colonies d'envoyer des enfans males & femèles depuis dix ans jusqu'à quatorze, afin de s'acoutumer plus facilement au climat.

On pouroit les prendre dans les Hopitaux des grandes Villes, & on les recevroit dans l'Hopital de la Colonie, d'où on tireroit lez garſons pour les ocuper, & les filles pour les marier.

OBSERVATION XII.

Multiplication des Petits Ports.

Nous avons pluſieurs Petits Ports aſſez comodes pour le Comerſe, le long de nos Cotes: Mais parceque cez Lieux
ſont

sont sujets à la Taille arbitraire & dis-
proportionée, les gens riches qui pouroient i entretenir des barques s'en re-
tirent, de peur d'etre ruinez par la
Taille, & les autres riches n'oseroient
s'i établir. On pouroit les tarifer, ou
i établir la Taille tarifée, & alors ils
se peupleroient bientot de Matelots
& de Marchands. Or l'on ne sauroit
croire combien de comoditez les Grans
Ports tireroient de ces Petits Ports,
combien les Petits Comerses de proche en proche & de la Pèche forme-
roient de Mariniers, qui deviendroient
propres aux Navigations de long
cours.

OBSERVATION XIII.

Comerse de Bled contre la Famine.

Nous avons essuïé en peu d'anées
plusieurs Famines, faute de prévoïan-
ce, faute d'etre bien avertis du prix
des Bleds chez lez Etrangers tant
du Nord que du Midi, & faute de
Vaisseaux & de Fonds pour les achats.
Or s'il i avoit beaucoup de Vaisseaux

en Comerſe, on ſeroit toujours bien averti du prix du Bled dans tous les Ports, & alors on n'auroit plus de Famine à craindre. On ne craint point la Famine en Holande, quoiqu'il n'i croiſſe que trèz-peu de Bled.

OBSERVATION XIV.

Examen des Anciens Regiſtres.

Il i a une grande comodité dans les Compagnies, c'eſt que lez Regiſtres i ſont bien tenus ; mais dèsque les Comptes de l'anée ſont rendus, on les laiſſe à l'ecart come Papiers inutiles. Cependant s'il i avoit un Directeur & un Soudirecteur ocupez à examiner lez Anciens Regiſtres, & les Ancienes Délibérations des achats & des ventes, dez Regiſtres de dix-ans, de vingt ans, & au-delà ; ils feroient quantité d'Obſervations trèz-utiles pour diminuër les Depenſes, pour augmenter les Profits, & pour perfectioner lez Statuts. Mais à dire le vrai, cète métode qui ſe feroit avec émulation, ne ſera jamais bien vive & bien conſ-
ſtan-

ſtante, que lorſque cez Directeurs auront la Ferme à forfait, lorſqu'ils ſen-
tiront que c'eſt pour eux-memes qu'ils
travaillent, & que s'ils trouvent durant trois ou quatre mois divers ex-
pédiens qui produizent à la Compagnie cent-mille écus de profit par
an, ils augmenteront leur profit anuel
de plus de deux-mille écus, tandis
que les autres Directeurs travaillent
chacun dans ſon emploi à en faire gagner autant à tous les Aſſociez.

OBSERVATION XV.

Acheter de la prémière main.

'Tout le monde ſait que ceux qui
achetent pour revendre, veulent &
doivent vendre plus cher qu'ils n'ont
acheté. Il eſt donq de l'habileté des
Directeurs de la Compagnie de tâcher,
d'un coté d'acheter de la prémière
main, & de l'autre de vendre à la dernière main, c'eſt-à-dire aux Conſoma-
teurs mèmes, parcequ'on leur vend
plus cher qu'aux Marchands. Les
Ho-

Holandois font grand uzage de cète maxime, elle demande plus de travaux & de foins; mais ils ne craignent pas l'augmentation de foins & de travaux, pourvû-qu'ils i trouvent l'augmentation de profit.

OBSERVATION XVI.
Chambre de Comerſe.

L'Etabliſſement d'une Chambre de Comerſe en France, pour examiner & perfeÆioner tous les Mémoires qui regardent cète matière, eſt très-raizonable & très-néceſſaire à l'Etat. Mais pour perfeÆioner cet Etabliſſement, il feroit à-propos que les Intendans du Comerſe, avant que d'avoir voix délibérative, paſſaſſent trois ans dans les principaux Ports de France, de Holande & d'Angleterre, à étudier tout ce qui regarde le Comerſe; & que durant leur féjour ils envoïaſſent tous les trois mois au Grefier de la Chambre leurs obſervations, fur ce qu'il faudroit ou imiter ou coriger dans ce qu'ils ont vu ou apris, pour prouver à la Chambre leur aplication fuivie au métier auquel ils fe deſtinent. Qua-

QUATRIEME PARTIE.

OBJECTIONS

ET

REPONSES.

OBJECTION I.

La Conſtitution préſente de l'Etat eſt encore preſque toute Militaire. La Nobleſſe gouvernoit autrefois, & elle étoit anciènement trèz-ignorante, aſ-ſez barbare & toute militaire, à-peu-prez come celle des Polonois & des Turcs. Les Gens de Robe ont pris depuis beaucoup de part aux Afaires, mais les grans Honeurs ſont encore entre les mains de la Nobleſſe Mili-taire ; & vous voulez changer cète Conſtitution, pour nous faire tous de bons Marchands Holandois.

REPONSE.

1. Lez Anglois n'ont point aban-doné la Guerre, aprez avoir tant augmenté leur Comerſe : la Nobleſſe Militaire i tient toujours le meme rang,

rang, cète Nation ſera & demeurera toujours brave & belliqueuze, tant qu'il i aura de guerres en Europe ; mais une partie de la Petite Nobleſſe, & meme quelques Cadets de la plus Grande, au lieu de demeurer inutiles dans les Provinces, dans la maizon paternelle, ſe jetent les uns dans le Comerſe, les autres dans la Magiſtrature, les autres dans l'Eglize, les autres dans lez Emplois de Finances, le plus grand nombre à la Guerre. Il i en a ſufizament pour tous les emplois, les grans honeurs, les grans titres ; les places de la Chambre Haute ſont encore entre les mains de la Nobleſſe Militaire : mais leur Conſtitution ne les empèche nullement de faire fleurir chez eux le Comerſe, pourquoi donq voudriez-vous que notre Conſtitution nous empechat plus qu'eux d'augmenter notre Comerſe Maritime ?

OBJECTION II.

Lez Holandois n'ont que peu de Terre, ils ſont environez de la Mer, ils ſont dans des Maraiz coupez de canaux, la néceſſité & la nature de

Q

leur

leur situation les porte naturèlement
au Comerse Maritime.   Leur métier
est d'etre Comersans , ils vivent de
peu, ils ne conoiffent point le Luxe
Franfois, ils furpafferont toujours de
beaucoup les Franfois dans le Comerfe , & pouront toujours doner leurs
Marchandizes à meilleur marché, &
ruïner ainfi les Marchands Franfois:
La Conftitution Républicaine eft mème beaucoup plus favorable au Comerfe & aux Compagnies Maritimes, que la Conftitution Monarchi-
que.   Croïez - moi , laiffez la fuperiorité de Comerfe aux Holandois, ,
& gardez votre fuperiorité dans la
Guerre.

R E P O N S E.

1. Il i a environ cent ans que
l'on tenoit pareils difcours en Angleterre, cependant peu-à-peu la Nation
a fenti que fans rien diminuer de fes
forces dans la Guerre, elle pourroit
confidérablement augmenter fes forces
& fon argent par le Comerfe durant
la Paix. Les Anglois n'ont rien di-
minué de la bonté de leur Conftitution, & ils i ont ajouté beaucoup
plus

plus d'atantion au Comerſe, ils s'en ſont bien trouvez. Nous avons des Ports, nous avons un comencement de Comerſe, nos Peuples ſont laborieux & induſtrieux, nous ſomes à-peu-prez au même état qu'étoient dans cete matière les Anglois il i a cent ans: Nous pouvons, ſans faire aucun déranjement dans la conſtitution de notre Etat, ſuivre l'exemple de la Nation Angloize, & parvenir en moins de trente ans à égaler leur Comerſe.

2. A l'égard de ce que l'on dit que la Conſtitution Républicaine eſt plus favorable au Comerſe, il ne peut i avoir aucune raizon ſi le Miniſtère de France peut voir un jour avec évidence, auſſi bien que le Miniſtère d'Angleterre, combien le Comerſe aporte de richeſſes aux Etats. Or cela ſe peut facilement voir avec évidence, par le Bureau de Comerſe & par les Miniſtres du Roi, tant par l'experience dez Nations Comerſantes, que par des conſidérations ſemblables à celles que j'ai faites ci-deſſus

3. Si le Roi baille à ferme perpétuelle, à forfait, & à régie comptable,

ble, le fonds & les privilèges de la
Compagnie des Indes, ne fera - t - il
pas encore plus intéreffé à faire profpérer cete ferme, cete efpèce de métérie, que les Etats de Holande ne
font intéreffez à faire profpérer la Compagnie de Batavia ?

OBJECTION III.

Ce n'eft pas à la France à s'enrichir
par la fupériorité de fon Comerfe, c'eft
à la France à foumetre les Nations Comerfantes à la fupériorité de fes Armes, c'eft à Rome à fubjuguer Cartage.

REPONSE.

1. Difcours d'Efprits frivoles, qui
n'ont nule conoisfance de la fituation
des Afaires générales de l'Europe. Nos
Voizins ont beaucoup plus d'atantion
qu'autrefois à empècher l'agrandisfe-
ment du Territoire des Souverains
puisfans, par l'intéret fenfible qu'ils
ont que ce Voizin pouvant d'un jour à
l'autre devenir leur Enemi n'augmente fa puiffance.

2. Les

2. Les Aliances Défenſives ſe font prézentement en moins de trois mois, & il ſe forme en peu de tems une Ligue de moitié plus puisſante que le plus puisſant, & qui met ſur pied un tiers, une moitié plus de Troupes & d'auſſi bones Troupes.

3. La ſupériorité de Troupes ſe trouve toujours là où eſt la ſupériorité d'Argent: Or c'eſt parmi les Nations Comerſantes que ſe trouve la ſupériorité d'Argent: Il ne faut donq plus que le Roi de France ſonge à conquérir une Ville qu'il ne hazarde d'en perdre deux, & qu'il ne ſoit ſûr d'etre en exécration à toute l'Europe, & meme à ſes Peuples qu'il eſt obligé de ruïner, pour faire en dix ans de Guerre une miſérable conquète qui couteroit à ſes Peuples dix fois plus qu'elle ne vaudroit.

OBJECTION IV.

Si dans trente ou quarante ans nous avons autant de Comerſe que les Anglois, cela nous fera négliger la Guerre, & alors nous pourrons ètre ataquez avec avantage & avec ſupériorité par nos Voizins.

Q 3

RE

REPONSE.

1. Rien ne nous oblige de négliger l'Art Militaire, lez Anglois ne l'ont point négligé.

2. De cinquante-mille Familles Nobles de France, à-peine en entrera-t-il douze ou quinze par an dans le Comerse.

3. La France, contente de ses bornes, n'a bezoin que d'améliorer le dedans de l'Etat. Or les Richesses Maritimes sont le meilleur moïen général pour toutes les diferentes sortes d'améliorations.

4. Dèzque la France aura déclaré qu'elle ne veut point augmenter son Territoire aux depens d'aucun de ses Voizins, & que sa conduite leur aura persuadé que sa déclaration est sincère, elle trouvera toujours les deux tiers de ses Voizins prêts à entrer dans des Ligues nombreuzes pour la défendre.

5. La France avec ses Aliez peut toujours empêcher la Guerre entre ses Voizins, en se déclarant contre celui qui ne veut point d'Arbitraje ; ainsi il ne se formera point de Soldats & d'O-

d'Oficiers chez ſes Voizins, qu'il ne s'en forme chez elle.

Si les Perſes, du tems de Darius, avoient ſuivi cète maxime, il ne ſe feroit point formé de Soldats & d'Oficiers chez lez Grecs, & la Monarchie des Perſes n'auroit pas tombé entre les mains d'Alexandre & de ſes Succeſſeurs.

6. Supozé que le Souverain ait été aſſez imprudent pour laiſſer former chez ſes Voizins des Soldats & des Oficiers, ſi par ſon Comerſe il a plus d'argent, il poura acheter les meilleures troupes & en plus grand nombre.

Darius pouvoit acheter quarante-mille Grecs, pour opozer aux trente-mille que ramaſſa Alexandre; il ſe ſervit mal de ſes richeſſes, & q'eſt la ſegonde grande faute de Politique où il tomba, & il lui en couta l'Empire & la Vie.

Cartage ne s'aviza pas d'aſſez bone heure de ſe rendre arbitre des diférens entre les Republiques d'Italie & de Sicile; il s'i forma des Soldats & des Oficiers, qui à la fin ſubjuguérent cète célébre République, toute opulan-

Q 4

lante qu'elle étoit. Ce malheur ne lui feroit pas arivé, si de bone heure elle se fut avizée de contenir en paix la République des Samnites & la République Romaine, & si elle eut empeché de cete sorte qu'il ne s'i format des Soldats & des Oficiers. Qu'on parcoure l'Histoire des Conquérans, la principale cauze de leur agrandissement, c'est que leurs Voizins n'ont pas eu d'atantion à les empècher de former de bones troupes, & à se rendre supérieurs dans toutes les parties de l'Art Militaire.

OBJECTION V.

Une preuve que les Anglois & les Holandois croient que votre Compagnie tombera bientot d'elle-meme, c'est qu'ils n'ont fait nule opozition à son établissement. Ils ont même dejà eu l'expérience de la prémière Compagnie que feu Mr. Colbert établit en 1664. qui se détruizit d'elle-même; parce qu'il n'i a que le Gouvernement Républicain, ou les Maximes de ce Gouvernement, qui puissent ètre constantes & uniformes. Les Maximes changent avec le Prémier

Mi-

Miniſtre, dans les Monarchies; & ſi
la Compagnie de Londres ſubſiſte &
proſpère, c'eſt qu'elle tient plus au
Parlement qui eſt immortel & conſtant, qu'aux Miniſtres qui meurent
& qui rendent par leur mort le Miniſtère inconſtant.

REPONSE.

1. Les Anglois & les Holandois ne
ſont ni en droit ni en pouvoir de s'o-
pozer à l'augmentation du Comerſe de
France, d'Eſpagne, de Portugal, de
Gènes, de Venize, de Suède, de
Danemarq, de Hambourg, de Mos-
covie, ni des autres Souverains, ſoit
Crétiens, ſoit Non-Crétiens.

Quant au droit de faire le Comerſe, ni les Anglois, ni les Holandois,
n'ont point un droit excluzif pour les
autres Nations: C'eſt un droit ataché
à la Souveraineté; & lez Anglois, &
lez Holandois eux memes, n'ont ce
droit, que parce qu'ils ſont Souverains. Que ſi lez Holandois préten-
dent que l'Empereur n'a pas le droit
de faire le Comerſe des Indes dans
les Peys-Bas, c'eſt que le Souverain
au droit duquel il eſt, a renoncé à ce

Q 5 droit

droit en faveur des Holandois, il en a reçu un équivalent par les Traitez : Mais ni la France, ni l'Espagne, ni le Portugal, ni les autres Souverains, n'ont renoncé à leur droit, ni en faveur des Anglois, ni en faveur des Holandois, & n'ont reçu d'eux aucun équivalent d'une pareille renonciation dans aucun Traité.

2. Quant au pouvoir de nous empêcher d'augmenter notre Comerse, ils ne l'ont pas non plus ; puisque si tous les Souverains leur interdizoient tout Comerse dans leurs Etats, leur Comerse tomberoit totalement, & ils deviendroient bientot l'objet de la haine de toute l'Europe.

3. Lez Anglois & lez Holandois voient bien qu'à mezure que les autres Nations augmenteront leurs Comerses Maritimes, le leur ira en diminuant ; mais c'est un mal inévitable, & ils ne peuvent faire autre choze pour conserver leur supériorité, que de conserver leur supériorité dans la Navigation, dans l'Economie, dans les Ventes à meilleur marché, & dans les Achats à plus haut prix, ce qui tourne au profit des Non-marchands.

O b-

OBIECTION VI.

Si vous emploïez plus d'homes au Comerſe Maritime, vous en emploïerez môins dans la Culture de la terre, dans les Manufactures, & dans la Guerre.

REPONSE.

1. En général la choze eſt vraie; mais s'il i a moitié plus à gagner dans le Comerſe Maritime, pourquoi voudriez-vous empècher vos Sujets de choizir la condition la plus lucrative? Et n'eſt-ce pas un avantage pour l'Etat, que lez Familles de vos Sujets s'enrichiſſent, en choiziſſant la profeſſion la plus lucrative?

2. Le Comeiſe Maritime ne peut emploïer qu'un certain nombre d'homes. Cent-mille Familles ſufizent en Angleterre pour le Comerſe Maritime; & dans ce Roïaume-là, ni lez Manufactures ne manquent d'ouvriers, ni la Terre de cultivateurs, il i a du peuple pour tout: Il i a deux milions d'autres familles ocupées à d'autres ouvrajes: Il n'i a qu'à laiſſer liberté aux Sujets de choizir leur profeſſion,

il

il n'i a qu'à leur faciliter les moïens d'i reüſſir, & toutes les profeſſions feront remplies, à-mezure qu'elles produiront d'utilité aux Particuliers, & par conſéquent à l'Etat.

3. Les Anglois ne manquent ni d'Oficiers ni de Soldats, & la richeſſe de l'Etat ne diminuë point la valeur de la Nation. Les Maloains pour etre riches, én font-ils moins braves?

OBJECTION VII.

Je ſai bien que le Navigateur met à profit les vents, les marées, & les autres courans d'eau; mais le Cultivateur ne met-il pas à profit la chaleur intérieure de la Terre, la chaleur du Soleil, les ſels de l'Air & de la Terre? Les Meuniers ne mettent-ils pas à profit les Vents ou les Courans d'Air, & les Courans d'Eau dans leurs Moulins? Le Cultivateur ne hazarde pas ſa Vie, come le Matelot.

REPONSE.

1. Le Laboureur & le Meunier partagent le profit avec le Propriétaire du Fonds & du Moulin; au lieu

que

que persone n'est proprietaire de la Mer, s'en sert qui veut.

2. Il est vrai que le Fermier n'a nuls périls à essuïer, mais son profit est au plus de vingt pour cent, anée comune, pour l'argent qu'il emploie dans sa ferme; au lieu que le Navigateur gagne cent pour cent, quelquefois trois-cens pour cent, en courant quelques périls.

OBJECTION VIII.

Les Anglois & les Holandois ont beaucoup d'argent à metre dans le Comerse, au lieu que les Fransois en ont peu; cependant le Comerse ne peut s'augmenter, qu'à-proportion que l'on i emploie d'argent.

REPONSE.

Lez Anglois & les Holandois ont comencé par peu, & tous les ans ils ont augmenté, c'est aux Fransois à les imiter : Lez Fransois ont mème un avantaje considérable, c'est que le fonds de la Compagnie des Indes est sept ou huit fois plus grand, que le prémier fonds de la Compagnie de Batavia.

O b-

OBJECTION IX.

Les Manufactures etrangères en foye & en toile de coton ruïneront nos Manufactures en foye, en toile de chanvre, en toile de lin, & en draps de laine, qui nous fervent pour les habits des Hommes & des Femmes.

REPONSE.

Je conviens qu'il ne faut point vendre en France aucunes étofes des Indes, pas meme de la toile de coton blanche, pas meme des mouchoirs; c'eft qu'il eft de la dernière importance de foutenir nos Manufactures. Mais il fera trèz-à-propos d'aporter chez nous de la foye & du coton, pour les i manufacturer.

Il faut tâcher d'i aporter le fecret des Indes pour la teinture qui ne s'en va point à la leffive.

OBSERVATION.

A l'égard du Comerfe par Terre, le point principal eft de rendre les chemins fûrs & comodes, de multiplier lez canaux, & de fuprimer & de rembourfer les péages fur lez rivieres. Je ne parle ici que du Comerfe Maritime.

SE-

SEGOND MEMOIRE
SUR LE
COMERSE.
PROJET

Pour perfectioner les Statuts de la
Compagnie des Indes.

AVERTISSEMENT.

Mon deſſein eſt de montrer dans ce Mé-
moire que cète Compagnie eſt très-ava-
tajeuze à l'Etat, & de propozer pour
la faire proſpérer des moiens plus efica-
ces que ceux que l'on pratique.

Utilité de la Compagnie pour l'Etat.

Nous tirions à grans frais de
nos Voizins, & par con-
ſéquent des Nations qui
ſouvent ſont nos enemis,
les Marchandizes des Indes; ils nous
en

en vendoient tous les ans pour plus
de vingt milions, & elles ne leur cou-
toient pas tous frais faits dix milions,
& s'enrich ssoient ainsi trèz-considé-
rablement chaque anée à nos dépens;
& ce qui étoit de plus important,
ils prenoient le chemin de nous as-
sujetir ainsi par notre propre argent,
c'est-à-dire par nos propres armes.

Dans le tems des Guerres que nous
avions contre eux, il arivoit qu'avec
le gain qu'ils avoient fait sur nous durant la Paix les anées precedentes, ils
armoient pour nous faire la guerre les
deux tiers plus de Vaisseaux & de
Troupes qu'ils n'eussent pu faire, s'ils
n'eussent gagné sur nous en tems de
Paix des sommes immenses qu'ils em-
ploïoient contre nous en tems de Guerre.

Ainsi l'on peut dire que si nous augmen-
mentons notre Comerse, non seulement nous afoiblirons le leur, mais que
nous diminuërons encore le nombre
de leurs Troupes, de leurs Vaisseaux,
de leurs Matelots, & que nous augmenterons le nombre des nôtres.

Par les suputations du Chevalier
Petty, illustre Anglois, un Matelot
vaut

vaut à l'Etat quatre voituriers ou quatre autres artizans comuns.

Le grand profit du Comerſe Maritime vient pour la plus grande partie,
de ce que les voitures par Eau coutent incomparablement moins que les
voitures par Terre ; parceque ſur
Mer l'on fait ſervir jour & nuit le
vent, qui ne coute rien, à la place
des animaux qui portent, & qui tirent
ſur terre le jour ſeulement, & qui coutent beaucoup.

Un cheval tire ſur un Canal plus
que vingt autres pareils ne tireroient
ſur des charètes, & l'on a ſur Mer l'a-
vantaje de faire ſervir le vent à la place des chevaux.

Dix homes aportent par Mer avec
leurs Vaiſſeaux une charge de trois-
cens toneaux, qui pèſent chacun deux-
mille livres ; au lieu que pour l'aporter par Terre, il faudroit trois-cens
homes, trois-cens charètes, & ſix-cens
chevaux.

Le Vaiſſeau va jour & nuit, ainſi la
voiture par Mer coute cent-fois moins,
que la voiture la moins chère par
Terre.

R　　　　　　　　　Nôs

Nos Loix pouront devenir un jour affez bones pour nous déterminer par des *diſtinɛtions honorables*, à emploïer notre ſuperflu à des entreprizes utiles à l'Erat; par exemple, à paver des chemins, à faire des canaux navigables, à des Hopitaux, à des Coleges, à de petites Ecoles &c. Et de pareilles Loix feroient fort dézirables dans un Roïaume trèz-grand, trèz-abondant, & dans lequel il i a un nombre prodijieux de Chefs-de-familles qui ont beaucoup de ſuperflu, & qui outre les comoditez & les agrémens du corps ſe trouvent come forcez, faute de bones Loix, à chercher d'autres diſtinɛtions vaines, frivoles, malfondées, & que l'on n'obtient que par le luxe, par une dépenſe exceſſive en bâtimens, en meubles, en étofes des Indes, en habits, en tables, en nombre de domeſtiques & de chevaux &c.

Je conviens que lorsque notre Etat ſera mieux policé, nous pourons nous paſſer de la plus grande partie du Comerſe des Indes; & je montrerai un jour que de pareilles Loix ne ſont pas dificiles à inventer, & ce qui eſt

plus

plus inportant, qu'elles feroient à tout prendre plus agréables à fuivre, que celles que nous reçevons de la Vanité, c'eft-à-dire d'une petite Gloire, ou d'une Gloriole trèz-méprizable: au lieu que les diftinctions & la gloire que produiroient les dépenfes utiles au Publiq, feroient efectivement trèz-précieuzes, trèz-folides, & trèz-durables.

Mais en fupofant nos mœurs telles qu'elles font aujourdui par le plaizir que cauzent les Glorioles corompuës, & par conféquent en nous fupofant dans le befoin actuel des Marchandizes des Indes, ne vaut-il pas incomparablement mieux pourvoir nous-mèmes, par nos propres citoiens, aux bezoins de la Nation malade de fantaifies vaines & frivoles, que d'en doner, ou plutôt d'en laiffer la comiffion trèz-lucrative à nos Voizins, & par conféquent à ceux qui à-cauze du défaut de Police & d'Arbitraje entre les Etats d'Europe, peuvent devenir d'un jour à l'autre nos plus danjereux enemis?

La Compagnie des Indes peut donq quant à-prézent devenir trèz-avanta-

jeuſe à l'Etat, ſur-tout ſi la conſtitution & la forme en ſont telles, qu'elle
aille néceſſairement en augmentant ſes
fonds & ſes dividens : Et c'eſt ſur les
moïens de lui doner une meilleure forme, que je vais faire les Obſervations
ſuivantes.

Moïens de faire proſpérer davan-
taje la Compagnie des Indes.

Pour former une Compagnie qui
puiſſe en peu de tems faire un Comerſe ſufizant pour tout le Roïaume,
pour profiter auſſi ſur les Nations qui
ne font point encore de Comerſe aux
Indes, pour entretenir un grand nombre de gens de Mer, en tems de Paix,
il faut un grand fonds, qui eſt ordinairement trèz-long & trèz-dificile
à trouver; mais hûreuzement ce grand
fonds a été trouvé dans la Régence.
Il eſt même pour la plus grande partie déjà emploïé en Efets néceſſaires
au Comerſe Maritime; il n'eſt plus
queſtion que de doner à ce fonds la
plus grande valeur anuèle qu'il eſt pos-
ſible, de forte que le capital & les
di-

dividens augmentent de quelque choſe tous les ans.

Il n'i a pour cet efet qu'un ſeul moïen. C'eſt d'en doner la direction à des perſones qui aïent trois qualitez convenables.

1. Il faut que par l'expérience ils aïent aquis beaucoup d'habileté dans le Comerſe Maritime.

2. Il faut que ceux d'entre eux qui doivent décider des Afaires principa-les, réſident dans le Port principal dez embarquemens & dez débarquemens.

3. Il faut qu'ils ſoient les plus inté-reſſez qu'il eſt poſſible, ſoit par ho-neur pour l'intéret publiq, ſoit par leur intéret particulier, à augmenter tous les ans non ſeulement le reve-nu, mais encore le capital de ce fonds.

C'eſt cete augmentation anuele de capital & de revenu, qui ſeule peut démontrer par le Bilan anuel le plus ou le moins de proſpérité de cet E-tabliſſement, come c'eſt la diminu-tion tant du revenu anuel que du capital qui en demontrera la déca-dence.

C'eſt

C'est pour cela que les Comissaires du Conseil doivent avoir toujours devant les yeux l'inventaire & l'estimation des Etets actuels, pour juger dans la suite anée par anée de l'augmentation ou diminution de ce fonds & de son revenu, c'est-à-dire pour juger du degré de sa prospérité ou de sa décadence.

Il i a deux partis à prendre pour le choix de ceux qui doivent mettre ce fonds dans la plus grande valeur qu'il est possible. Le Conseil en a pris un par provizion, mais il peut en prendre un autre meilleur en définitive : C'est ce que je vais démontrer.

Le Conseil done la régie de ce fonds à des Directeurs comptables, gens d'esprit, gens d'honeur, tiez-habiles en plusieurs chozes.

Mais 1. Ils n'ont point aquis une longue expérience, une grande capacité dans le Comerse Maritime.

2. Les Directeurs qui décident, résident à plus de cent lieuës du Port principal.

3. Ces memes Directeurs qui décident, ne font pas aussi intéressez qu'ils

peu-

peuvent l'etre à la décadence & à la proſpérité du Comerſe des Indes.

Il eſt certain par exemple, que des Marchands Maritimes qui auroient le privilège excluſif de la Compagnie & *la régie du Fonds de cete Compagnie à forfait*, pour en rendre tant par an à certaines conditions, ſeroient incomparablement plus intéreſſez à la prospérité de la Compagnie, que nos Directeurs comptables, qui n'ont pas le fonds & le privilège à ferme ou à forfait.

Je ſupoze donq que l'on demande s'il eſt à-propos de prendre pour parti définitif le parti *de la Régie comptable*, ou s'il vaut mieux pour parti définitif prendre le parti de *la Régie à forfait*. Je vais propozer les avantages & les inconveniens des deux partis.

PRO·

PROPOSITION.

La Régie à forfait eſt de beaucoup préférable à la Régie comptable.

PREUVE I.

Chacun des Régiſſeurs comptables a ſon département dans cete Régie. Il rend compte au Conſeil de la Compagnie, ou au Miniſtre du Roi, de ce qui eſt dans l'étenduë de ce département particulier; mais il ne s'informe que légérement, & par ſimple curiozité, de ce qui ſe paſſe de bien ou de mal dans les départemens des autres Régiſſeurs. Il ne fait aucuns eforts pour découvrir & pour rémedier aux malverſations les plus importantes, de peur de ſe taire des enemis, & cela parcequ'il n'eſt point reſponſable, ni des fautes de prudence, ni du peu d'induſtrie, ni du peu de probité, ni des complaizances exceſſives, ni du mauvais choix, ni dez mauvais marchez dez Régiſſeurs ou
Di-

Directeurs fes camarades ; & cela parcequ'il n'en reçoit presque aucun domage, puisque foit perte, foit profit, il a toujours les memes apointemens & la meme confidération ; il profite meme en un fens de la mauvaife conduite de fes Camarades, en ce qu'elle fait plus eftimer la fienc. Telle eft la conduite ordinaire de ceux qui font employez dans une Régie comptable.

Il n'en eft pas de meme dans une Régie à forfait, ou dans une Régie de fermiers : tous ont un trèz-grand intéret que chacun dans fon departement ne faffe aucune faute, ni contre la prudence, ni contre la probité ; ils s'avertiffent mutuèlement ; ils fe prètent mutuèlement leur induiftric, & meme leur travail ; ils fe confultent reciproquement & fouvent les uns les autres ; & s'il i avoit une malverfation vizible, ou de la part d'un Sousdirecteur, ou de la part de fon Comis, tout s'uniroit pour la faire ceffer. C'eft que leur intéret particulier, reffort puiffant, les porte tous avec force, foit pour augmenter un

pro-

profit comun, foit pour diminuër u-
ne perte comune, qu'ils doivent partager.

P R E U V E II.

Lez Régiffeurs comptables ne s'engajent point d'augmenter tous les ans
le capital & le dividend des Actionaires; ils ne s'engajent pas meme à
faire en forte que le capital & le dividend ne diminuënt point, cete anée,
entre leurs mains ; ils ne fe rendent
point garans de la mauvaife conduite des Oficiers fubalternes de la Compagnie, & encore moins des mauvais
Evenemens qui vienent le plus fouvent
de l'imprudence, de la pareffe, & de
la mauvaife conduite; ils prometent
feulement *de faire leur poffible*, pour
conferver & pour augmenter le revenu & le capital; mais cete promeffe
de faire leur poffible, ne les engaje qu'à
un travail trèz-médiocre, c'eft-à-dire
tel qu'il ne foit point repochable, &
jamais à faire aucun effort, & encore
moins des efforts continuels de travail
& d'induftrie.

Il

Il n'en est pas de méme dans la Régie à forfait. Le Fermier à l'envi de ses Camarades, bons travailleurs, fait les efforts pour les surpasser en travail, en industrie, & surtout en succez; parce qu'il veut s'en faire aimer & estimer, & parcequ'il profite de son travail & de ses efforts, en méme tems qu'il profite du travail ordinaire, & des travaux extraordinaires, de ses Co-partageans.

PREUVE III.

Soit que le capital & le dividend augmentent, soit qu'ils diminuent l'année prochaine, soit que les Régisseurs comptables fassent des eforts de travail, soit qu'ils n'en fassent point, les apointemens des Régisseurs & leurs recompenses n'augmenteront point & ne diminueront point; leurs apointemens, leurs profits seront toujours les memes, & ceux d'entre eux qui travailleront le moins & avec le moins d'industrie, n'auront pas moins de recompenses que ceux qui travailleront le plus, & avec le plus d'industrie & de talens.

Ainsi

Ainſi il ne leur importe pas de quiter Paris pour aler s'établir dans le Port principal, pour faire leur régie avec plus de ſuccez en faveur des Créanciers ou Aétionaires ; ainſi ils n'ont garde de demander à s'embarquer pour viziter les Etabliſſemens des Indes, & pour i demeurer. Il eſt vrai qu'ils i prendroient en peu d'anées des conoiſſances trèz-avantajeuſes pour augmenter ce dividend ; mais come ils ne profitent pas de cete augmentation, ils demeureront s'ils peuvent à Paris, ils i feront toutes les décizions, & ſe contenteront de ſervir ſans reproche.

Il n'en eſt pas de meme des Fermiers ou des Régiſſeurs à forfait. Ils ſavent que la rente qui ſera par eux duë ou aux Aétionaires, ou au Roi s'il repréſente un jour lez Aétionaires, étant peïée, tout le profit & toute la perte tombent ſur eux-memes qui ſont Fermiers. Ainſi il leur importe fort de s'aſſocier dez Comerſans bons travailleurs, & habiles dans le Comerſe Maritime: Il leur importe fort que les plus habiles, & les plus laborieux, i décident toutes les afaires principales

de

de la Societé : Il leur importe fort
d'avoir parmi eux des Directeurs har-
dis, entrepreneurs, & cependant ſages, qui veuillent bien paſſer quelques
anées aux Indes, & dans les Peys E-
trangers, tant pour diminuër les pertes, que pour augmenter lez profits de
la Compagnie : Il leur importe fort de
conoitre par eux-memes, & par les
Oficiers ſubalternes, lez Capitaines
lez plus habiles, lez plus courajeux, &
les plus prudens.

PREUVE IV.

Il 'eſt naturel que les Directeurs
comptables cherchent ſous diterens
pretextes à continuër de jouïr de leur
conſidération & de leurs apointemens,
avec le moins de peine & de travail
qu'il ſera poſſible. Ainſi il eſt de leur
intéret de ſe ſoutenir, de s'excuſer les
uns les autres, & de ſe contenter d'e-
tre exemts du reproche de coruption,
& du manque de probité : Ainſi ils atri-
buëront toujours volontiers à la mauvaiſe fortune, & non à leur défaut de travail & de précaution, les mauvais évenemens, & la diminution du capital, &
du

du dividend qui arivera chaque a-
née.

Ils décrieront meme come vizionaire & come elprit inquiet, & regarderont come *gate-métier* celui d'entre
eux qui par une loüable ambition pro-
poferoit de nouveaux Plans & de nouveaux Projets, qui feroient à-la-vérité utiles aux Aƈionaires, c'eft à-dire
au Roi quand il aura aquis le droit des
Aƈionaires : Mais come ces Projets
engageroient les autres Régiffeurs à
des eforts & à une augmentation de
travail, le grand nombre d'entre eux
traverfera toujours ce Direƈteur zèlé;
fon zèle lui atirera meme des calom-
nies, & à la fin il fe découragera, &
laiffera aler les afaires de la régie come
les autres de mal en pis.

N'aïez pas peur ni que le plus grand
nombre dez Régiffeurs comptables
propozent que l'autorité principale
demeure entre les mains de ceux qui
feront leur réfidence au principal Port
des embarquemens & dez débarquemens, & que ceux qui feront à Paris,
ou ailleurs, foient obligez de s'i foumetre. Ce n'eft pas qu'ils ne fachent
bien de quelle importance il feroit à
l'u-

l'utilité de la Régie, que ceux qui doivent décider de la quantice & de la qualité des Marchandizes à envoïer dans tel & tel lieu, dans tel ou tel tems, ſous la conduite de tels ou tels Oficiers, & de tel nombre de Matelots, viſſent tout par leurs yeux, & entendiſſent de leurs oreilles toutes les diférentes relations des Oficiers & dez Matelots.

Ce n'eſt pas qu'ils ne voient combien cete réſidence du principal Conſeil dans le principal Port pouroit épargner de frais & de mauvais marchez, & qu'ils en choiziroient bien plus ſûrement les meilleurs Matelots, & que l'on feroit beaucoup plus à propos les achats, lez ventes, lez chargemens, & que l'on augmenteroit ainſi bien plus facilement & trèz-conſidérablement le capital & le revenu de la Régie.

Mais n'eſt-il pas vrai que pour l'intéret perſonel de cez Régiſſeurs comptables, l'augmentation de ce capital & de ce revenu ne vaut ni l'augmentation de leurs peines, ni la diminution de leurs plaizirs; & qu'ils aimeront toujours mieux avoir la meme au-

autorité dans Paris où ils vivent fort à
leur aize, que d'avoir l'honeur d'augmenter de quelque chofe le capital
& le revenu de la Régie en faveur du
Roi, ou en faveur des cinq ou fix
mille Actionaires, gens qu'ils ne conoiffent point, & pour qui ils ne s'intéresfent que trèz-foiblement.

Il n'en eft pas de meme des Régisfeurs ou Gouverneurs à forfait.
Loin de chercher à l'envi à diminuër leur travail, ils s'encouragent
tous les jours les uns les autres à
l'augmenter. Loin de blamer & de
traverfer ceux qui à force de meditations & de reflexions, croïent avoir
trouvé quelque choze qui augmentera le profit anuel de la Compagnie,
mais qui demande une augmentation de travail de la plupart des Asfociez, ils lez louëront au-contraire,
ils lez aideront dans leurs entreprizes.

Il i a meme une Obfervation importante à faire, c'eft que la nature du
profit que produit le C merfe Maritime confifte en une infinité de détails, qui vont bien ou mal, felon
que le Négociant eft laborieux, di-

li-

ligent, ſoupſoneux, & ſelon qu'il peut
plus voir de chozes par lui-meme que
par autrui.

Il peut ètre friponé ſur tous les
achats & ſur toutes les ventes, tant
ſur la qualité que ſur la quantité des
Marchandizes. Chacun de ceux à
qui il a afaire vize à le tromper, &
le nombre en eſt immenſe. Sa pré-
ſence eſt donq abſolument néceſſaire;
ainſi autant qu'il eſt poſſible, il faut
que tous les Directeurs ou Sous-
directeurs qui ſont emploïez à acheter & à vendre, ne ſoient pas ſim-
plement comptables; il faut qu'ils aïent
un grand intéret à acheter bon & à
bon marché, & à vendre cher, autrement ils ne prenent pas tout le ſoin
qu'il faudroit pour faire proſpérer le
Fonds de la Compagnie : Ainſi il faut
qu'ils aïent part au profit de la Ferme
à forfait.

PREUVE V.

Dans la Compagnie des Régiſſeurs
comptables, l'amour-propre les porte
néceſſairement au rabais de leurs peines contre l'utilité des Actionaires,

S

ou

ou contre l'utilité du Roi s'il a le droit des Actionaires ; au lieu que dans la Compagnie des Associez ou Preneurs à forfait, le revenu anuel dez Actionaires eſt à couvert, par le prix fixe & anuel de la ferme ou du forfait. Mais l'amour-propre des Associez les porte néceſſairement avec force à augmenter leur gain, & à ſe diſtinguer entre eux à qui rendra meilleure leur afaire comune par ſes ſoins, par ſes travaux, & meme par ſes périls. Car ici la gloire & l'intéret conſpirent enſemble à encourager un Aſſocié ; & ce qui eſt d'important pour le Roi, c'eſt que les grans profits de la Compagnie devienent ainſi néceſſairement l'avantaje de l'Etat

Nous avons vu de nos jours des entreprizes trèz-dificiles, dont les Malouïns ſont venus à bout ; nous avons vu des actions d'une valeur ſurprenante dans leurs Chefs, dans leurs Soldats, & dans leurs Matelots ; nous avons vu en eux une induſtrie merveilleuze. Que l'on cherche le reſſort qui a pu opérer cez eſpéces de merveilles, c'eſt l'intéret joint à la gloire &

à la

à la diſtinction: Ils travailloient pour une Compagnie où ils avoient part, & ils étoient chéris, diſtinguez, honorez dans cete Compagnie. Or dira-t-on que la fortune de l'Etat n'ait pas été améliorée par l'augmentation de la fortune des Malouïns?

PREUVE VI.

Outre les raizons précédentes, il eſt trèz-facile au Conſeil de s'éclaircir de la vérité de cete propozition: C'eſt de doner un plan de Régie à forfait à diférentes Compagnies de Comerſans Maritimes, pour faire leurs ofres. On demandera alors aux Directeurs comptables, *quelles ofres faites-vous de votre coté en faveur des Actionaires?* Car par les ofres des uns & des autres, le Conſeil verra bientot que lêz Directeurs comptables n'ozeront garantir un ſi gros intéret anuel, que celui qu'ofrira la Compagnie de Marchands la moins ofrante. Je dis qu'il faut former diférentes Compagnies; car il eſt de la ſageſſe du Conſeil d'en former pluzieurs, afin de porter par leurs enchéres la ferme au prix le plus haut où elle peut raizonablement monter.

Il i a plus: C'eſt que dans l'eſtimation des Efets de la Compagnie, les Marchands Maritimes les eſtimeront au moins un cinquième plus que ne feront les Directeurs, qui de comptables deviendront Fermiers à forfait. C'eſt que ces Directeurs comptables n'étant point Marchands Maritimes, feront bientot forcez de foufermer leur droit à des Marchands Maritimes, comme la Compagnie des Indes établie par feu Mr. Colbert fut obligée de foufermer fon droit aux Malouïns.

La plus foible apréciation, c'eſt qu'un milion dans le Comerce des Indes doit raporter, anée comune (tous frais faits, les Directeurs, les Sous-directeurs, les Capitaines, les Comis, les Oficiers fubalternes & les Matelots peyez) deux-cens-cinquante-mille livres de profit à vingt-cinq pour cent. Supozons qu'il i ait cinquante milions en Efets, fupozons que les Fermiers ou Régiſſeurs à forfait ofrent de rendre deux-cens-mille livres d'intéret anuel par milion, & vingt-

vingt-cinq-mille livres pour augmentation du Capital; on voit que, outre leurs apointemens raizonables & les apointemens des autres Oficiers, ils gagneront encore vingt-cinq-mille livres par milion à repartir entre eux.

Lorſque j'écris ceci en 1732. l'once d'Argent à onze deniers de fin, vaut en France environ ſix livres.

Dans cete ſupozition que le Capital de la Compagnie eſt de cinquante milions, ils augmenteront par an le Capital d'un milion-deux-cent'-cinquante-mille livres, & doneront pour le Roi, ou pour lez Actionaires, dix milions par an pour ces cinquante milions de Capital, les frais déduits & les apointemens peyez, outre la huitieme partie de dix milions à repartir entre les Aſſociez, c'eſt-à-dire un milion-deux-cens-cinquante-mille livres.

Les trente Marchands Aſſociez ou Directeurs à forfait, lez trente Sous-directeurs, & les trente Capitaines, outre leurs apointemens peyez auroient donq encore douze-cens-cinquan-

te-

te-mille livres de profit à repartir entre eux, ſavoir le quart à diſtribuër, moitié aux trente Sous-directeurs, & moitié aux trente Capitaines, lequel quart monteroit à trois-cens-douze-mille-cinq-cens livres, & les trois autres quarts à diſtribuër aux trente Directeurs à forfait; ce ſeroit environ dix-huit-mille livres pour chaque part ſimple de Directeur, la dépenſe anuèle, & les apointemens, & le prix du bail ſupoſez déjà peyez ſur le reſte des Efets du retour.

Je mets les apointemens du Directeur à ſix-mille livres: Ainſi il auroit au-moins vingt-quatre-mille livres par an, & quelquefois plus, ſelon l'augmentation du dividend, qui excedera les dix-huit-mille livres ordinaires, en ſupozant que moitié de cet excédent apartiendra au Roi, qui eſt ſupozé propriétaire de toutes les Actions.

Qu'un milion dans le Comerſe des Indes produize plus ou moins que deux-cens-quarante-mille livres anée comune, qu'il i ait plus ou moins que cinquante milions d'Efets apartenans à la Compagnie, cela ne fait rien

à la

à la Propozition, qui eſt que la Régie
à forfait avec les Marchands Maritimes reſidans dans les Ports , ſeroit
beaucoup plus avantajeuze pour augmenter le Fonds de la Compagnie, &
pour produire aux Actionaires, ou au
Roi fondé à leur droit, un beaucoup
plus grand intéret que la Régie comptable; ſurtout ſi l'on reçoit les enche-
res dez Compagnies des Marchands
de ſix ou ſept Villes Maritimes &
de Paris, tant ſur le prix du forfait
par milion, que ſur le prix du forfait
à l'égard de l'eſtimation des Efets de la
Compagnie.

Un habile Marchand m'a dit que
les Malouïns qui ont pris à forfait le
Fonds & les Privilèges de la prémière Compagnie, avouënt qu'ils i ont
gagné quarante pour cent anéc comune tous frais faits, & d'auttes m'ont
dit ſoixante pour cent.

 OB-

OBSERVATION I.

Le Roi devroit acheter le fonds de la Compagnie par des ventes.

Il eſt évident que les Aƈionaires ne ſauroient convenir enſemble pour bailler leurs fonds & leurs privilèges à forfait: Il eſt donq abſolument néceſſaire que le Roi ſe charge d'un intéret par Aƈion, à-proportion du prix qu'il tirera de la ferme du Capital joint avec le Tabac, & avec les autres Privileges de la Compagnie, & qu'ainſi il ſe mette à leur lieu & place, pour diſpozer du fonds qui leur eſt afeƈté ; enſorte qu'il faſſe ſubſiſter & proſpérer la Compagnie, & que les Aƈionaires n'aïent à faire qu'au Roi, pour leurs rentes de 150 ℓ par Aƈion, en gardant cependant leur hipotèque privilégiee, tant ſur la ferme du Tabac & ferme i jointe, que ſur le fonds que le Roi donera à forfait à la Compagnie la plus ofrante.

O B;

OBSERVATION II.

Avantaje qui reviendroit par cet établiſſement à la Compagnie des Indes.

Il n'eſt pas dificile de voir que la Compagnie des Indes peut avoir par cet établiſſement un avantaje trèz-conſidérable, que n'a jamais eu, ni la Compagnie de Holande, ni la Compagnie d'Angleterre : C'eſt que lez Aſſociez de ces Compagnies Etrangè-res, & meme dez les comancemens, ont été en liberté de vendre tout ou partie de l'intérêt qu'ils avoient dans la Compagnie ; & c'eſt cet intérêt qui a été divizé en Actions. Ils étoient lez prémiers qui avoient fourni le Fonds de cete Compagnie, où ils avoient a-cheté leur place & leur intérêt ; & c'eſt ce qui a formé entre eux l'achat & la vente des Actions : au lieu que dans notre Compagnie, ce ſera le Roi qui en fournira le Fonds aux Aſſociez Fer-miers, & qui le leur donera à faire valoir.

S ſ

Ob-

OBSERVATION III.

Conditions de la Ferme Perpétuèle.

1. A condition d'en doner une fome anuèle de revenu.

2. A condition que le Fonds augmentera tous lez ans d'un quarantieme.

3. A condition que les Affociez partageront le refte du gain anuel entre eux.

4. A condition que le Roi aura encore en certains cas une part dans ce gain anuel, lorfqu'il paffera la fome de dix-huit-mille livres de dividend, pour chaque part de Directeur.

5. Lez Affociez n'auront point d'Actions, mais feulement des parts d'Affociez, & des parts de Sous-directeurs & de Capitaines; & aucune de cez parts, ni de ces huitièmes de parts, ne pouront jamais fe vendre non plus que les emplois auxquels ces parts font atachées, parceque ces parts feront toujours perfonelles, & atachées aux travailleurs.

De

De cete maniere on ne verra point
come en Holande, & encore plus en
Angleterre, la Compagnie peuplée
d'Actionaires Non-marchands, inutiles au gouvernement de la Compagnie, & cependant partageans les profits procurez par les Marchands Directeurs.

Surquoi il faut bien remarquer que
ſi cez deux Compagnies Étrangères ſubſiſtent, & même proſpèrent
un peu. C'eſt 1. parceque les profits
de ce Comerſe ſont trèz-grans, & ſeroient plus de cinquante pour cent anée
comune entre les mains d'Aſſociez à
forfait. 2. Parceque la principale direction eſt encore entre les mains des
Marchands Maritimes, réſidans dans les
Ports principaux, & intéreſſez par le
grand nombre d'Actions qu'ils n'ont
point encore venduës; mais que l'ardeur des Aſſociez, & par conſéquent
le profit de ces Compagnies, vont tous
les jours en diminuant, par la reflexion
perpétuèle que fait chaque Directeur,
que ſi par un effort de travail durant
huit jours il fait gagner mille livres
à la Compagnie, il n'i gagne pas vingt
ſous pour ſa part. Cela fait qu'il emploie

ploie fon tems à quelque chofe de plus
utile pour lui, & ne fait que trèz-ra-
rement de cez efforts qui feroient fi
lucratifs pour la Compagnie, mais trop
peu lucratifs pour lui.

Cez Compagnies Etrangères dont
les Affociez ont liberté de vendre leur
intéret à tout acheteur, portent donq
dans leur fein la cauze de leur déca-
dence & de leur afoibliffement conti-
nuel: au lieu que la nôtre portera par
fa conftitution le reffort, le motif con-
tinuel de travaux & d'eforts trèz-lu-
cratifs, non feulement dans les trente
Directeurs Affociez, mais encore dans
les Sous-directeurs & dans les Capitaines, & meme dans les Comis & dans
lez Oficiers fubalternes ; parcequ'ils
dézireront tous de fe diftinguer entre
eux, pour mériter par leurs talens,
par leur travail, & par leur courage, de
parvenir aux places qui ont des parts
ou profits: & come le Roi regardera
cette ferme come fa propre ferme, les
Fermiers feront toujours fûrs d'une
protection vive & conftante de la part
du Miniftre.

CON-

CONDITIONS

DE LA

RÉGÍE à FORFAIT.

Pour bien exécuter ce plan, il faut expozer aux Fermiers Aſſociez les principales Conditions du Bail perpétuel. Je ne prétens pas que celles que je vais propozer ſoient ni les ſeules, ni les meilleures; mais on poura ou les rectifier, ou i en ajouter d'autres. C'eſt toujours un canevas, ſur lequel il ſera plus facile de travailler.

PRINCIPALES CONDITIONS.

I.

Le nombre des Aſſociez Directeurs ſera reglé par provizion à trente, & autant de Sous-directeurs & de Capitaines; & dans la ſuite le Conſeil poura en augmenter ou en diminuer le nombre, mais ſeulement du conſentement du Conſeil du Roi.

ECLAIR-

ECLAIRCISSEMENT.

On ne peut pas voir d'abord de quel nombre d'Associez précizément la Compagnie aura bezoin, mais il faudra douze ou treize résidens dans le Port principal, pour i former le Conseil de la Compagnie, & dans chaque Port principal de France, un en Holande, un en Angleterre, un en Italie, trois ou quatre à Paris, ou dans chaque Etablissement des Indes, & il en faudra au moins trois dans l'Etablissement principal des Indes, pour i former un Conseil représentatif du Conseil du Port principal, qui décide come à Batavia les afaires du Peys. Or le total ne peut gueres aller à moins qu'à trente.

II.

Chaque Associé résident en quelque Port aura un certain pouvoir de traiter pour la Compagnie, marqué par sa procuration; & aura sous lui un Sous-directeur ou Comis, & un Controleur.

ECLAIR-

ECLAIRCISSEMENT.

Il faut que le Directeur ait pouvoir de rendre ſervice à la Compagnie, mais un pouvoir limité par ſa procuration: il faut qu'il puiſſe acheter & vendre à credit, reçevoir & prendre certains engajemens au nom de la Compagnie.

Il faut bien qu'en l'abſence ou durant la maladie du Directeur Aſſocié qui ſera hors du Port, il i ait un Sous-directeur ou Comis, qui ſur la procuration puiſſe ſupléer à ſon abſence pour le ſervice de la Compagnie.

III.

Il i aura par provizion cinquante parts entieres d'Aſſociez, du nombre desquelles il i en aura un huitieme pour les cinquante parts des trente Sous-directeurs, & une huitieme partie pour les cinquante parts des trente Capitaines : Les Directeurs qui rézideront aux Indes auront deux parts, ceux qui rézideront au Port principal de la Compagnie i formeront le Conſeil, &

au-

auront part & demie, aussi bien que ceux qui réziderent en Pejs-Etranger. Ceux qui réziderent a Paris, & dans les Villes du Roïaume, auront une part simple; & les Sous-direcłeurs & les Capitaines partageront entre eux leurs cinquante parts, suivant les memes cas, & suivant la mème proportion que les Direcłeurs.

ECLAIRCISSÈMENT.

Come il i a diférence entre les travaux & les dangers dez Associez, il a paru raizonable de metre diférence dans la récompense.

Come la Compagnie a bezoin de protecłion dans le Conseil, il sera, ce me semble, à propos que les Associez donent au Roi la dispozition de quatre ou cinq parts, pour distribuër aux Comissaires que Sa Majesté chargera des Afaires de la Compagnie. Si je me suis trompé dans mon calcul des parts, il sera facile d'i supléer: Ceci n'est qu'un canevas.

I V.

La Compagnie la plus ofrante qui aura été acceptée par le Conseil, sera au-moins de

*de neuf perſones ; elle choizira par
ſcrutin le dixième, ces dix choiziront
le onzième, & ainſi de ſuite juſqu'au
trentième, & ils en prendront de tous
les Ports conſidérables de France. Ces
trente choiziront, à la pluralité des
voix, ceux qui doivent former le Conſeil & rézider au Port principal, &
ce Conſeil choizira enſuite les Directeurs pour chaque réſidence, & enſuite il choizira les Sous-directeurs & les
Capitaines ; & quand il vaquera quelque place d'Aſſocié, de Sous-directeur
ou de Capitaine, ce Conſeil i nomera
par ſcrutin.*

Eclaircissement.

1. Il eſt bien juſte que les Fermiers
ſe choiziſſent eux-mèmes leurs Aſſociez, parcequ'ils conoiſſent mieux les
qualitez & les talens de leurs Camarades.

2. Il faut obſerver qu'il n'eſt pas
néceſſaire que cez trente Marchands
Maritimes ſoient les plus riches de
leurs Villes, il ſufit qu'ils ſoient habiles, laborieux, gens de probité, &
tels que doivent ètre de bons Facteurs

à qui on confie tous les jours dix fois, vingt fois plus d'Effets qu'ils n'ont de bien.

3. Il est naturel que les Associez pour les places vacantes choiziffent plutôt leurs gendres & leurs parens de trente ans & au-deffus, que des étrangers; & il est bon mème qu'ils penfent qu'en travaillant pour la Compagnie à venir, ils travaillent pour ceux de leurs enfans qui feront les plus induftrieux & les plus laborieux.

4. La Compagnie poura dans la fuite ftatuër que nul ne fera Sous-directeur, s'il n'a été trois ans Comis; que nul ne fera elu Affocié-directeur, s'il n'a été fix ans Sous-directeur. Elle poura de-meme ftatuër que pour les places du Confeil qui vaqueront, il fera à-propos de les remplir d'Affo-ciez, les uns qui aïent réfidé aux Indes, les autres qui aïent réfidé à Londres, à Amfterdam, à Livourne, à Paris. Mais ce font de fes Statuts qu'il eft bon que le Confeil laiffe faire à la Compagnie, & qu'il n'ait qu'à lez confirmer.

5. Les Membres du Confeil de la Compagnie, lorfqu'il vaquera une place
d'Af-

d'Aſſocié, pouront à-la-vérité choizir un
des enfans, un des gendres du Mort;
mais entre les enfans, entre les gendres, ils choiziront vraiſemblablement
celui qui a montré plus de talens, &
des qualitez propres à mieux ſervir la
Compagnie; ce qui maintiendra une
grande émulation entre les Sous-directeurs.

V.

Lez Apointemens des Aſſociez-direc-
teurs ſeront de ſix-mille livres, ceuz
des Sous-direĉteurs & des Capitaines
ſeront de trois-mille livres, étant ar-
mez &c. Ces Apointemens ſeront
peyez par mois, come dette auſſi pri-
vilégiée que la peye des Matelots &
Soldats : Mais à l'égard du Dividend,
il ne ſera peyé à aucun d'eux, qu'a-
prez que le Prix anuel du bail aura
été entièrement peyé, & aprez que
les Comiſſaires du Roi auront vu par
le nouvel Inventaire & Piéces juſtifi-
catives, que les Efets de la Compagnie
augmentent au-moins d'un quaran-
tième.
Les Capitaines non employez auront la
demi-peye.

                                    E·

ECLAIRCISSEMENT.

1. On poura changer les fomes à cet article, & i ajouter ou diminuër; mais il eft à-propos, pour la fûreté reciproque du Bailleur & des Preneurs, que cet article foit reglé.

2. Les deux Comiffaires du Roi qui vérifieront l'inventaire de chaque anée comparé avec l'inventaire de l'anée précédente, auront aparement chacun une part; ainfi ils feront plus intéreffez à conoitre la vérité, plus en état de rendre compte au Confeil du progrez du Capital, & fufizament intéreffez à faire augmenter le dividend de l'anée fuivante.

V I.

Tous les dix ans la Compagnie augmente-ra le Bail d'un quart d'intéret.

ECLAIRCISSEMENT.

Come en dix ans le fonds du Capital de la Compagnie fera augmenté d'un quart, il eft bien jufte qu'elle en peye au Roi un quart de plus.

Il eſt à-propos que la Compagnie puiſſe encore emprunter à intéret, pour faire de plus grands profits ; mais d'ici à quelques anées, elle peut ſe contenter de faire valoir ſon Ca-pital.

VII.

Come il peut ariver dans la ſuite par divers évenemens favorables, que la part entiere d'un Aſſocié excede dix-huit-mille livres de profit anuel, & les autres parts à proportion ; & qu'en ce cas il ne ſeroit pas juſte que le Roi n'eut aucune part à ce profit excédent, Sa Majeſté aura à ſon profit la moitié de cet excédent ; & à cete fin, la repartition anuèle du dividend ne poura ſe faire qu'en prézence des deux Comiſſaires du Roi.

ECLAIRCISSEMENT.

De cete manière il arivera d'un coté, que ſi le Roi a baillé ſon Capital à trop bon marché, il s'en dédomagera bientôt par la moitié de cet excédent ; & de l'autre, qu'il reſtera toujours aux Aſſociez un reſſort ſufizant pour lez en-

encourager à faire de nouveaux eforts,
afin d'augmenter tous les ans le profit
anuel de la Compagnie; parcequ'ils
verront que mème au-delà de dix-huit-
mille livres pour chaque part & leurs
apointemens anuels, ils auront encore
à partager entre eux la moitié de l'excédent, qui peut aller en moins de dix
ans à autres dix-huit-mille livres pour
chaque part entiere. C'eft ainfi que le
revenu de la ferme du Roi peut augmenter, tous les ans, de concert avec
le profit des Fermiers: Et avec cete
métode le Roi, pour augmenter le
prix de fon bail, n'aura pas bezoin de
faire de nouveaux baux; & ce fera
proprement une métérie perpetuele,
où les profits fe partagent chaque anée
par moitié, entre le Propriétaire qui
done fon fonds, & les Fermiers qui donent leur tems, leur travail, leur induftrie & leurs foins.

VIII.

Les apointemens & le dividend d'un Affo-
cié ne pourront ètre ni faifis, ni cédez.

ECLAIR-

ECLAIRCISSEMENT.

Il ne faut pas que l'Aſſocié perde le principal reſſort de ſon travail. Or cela ariveroit, s'il pouvoit n'avoir plus d'intéret que ſon dividend augmente ou diminuë par la ceſſion qu'il en auroit faite, ou par la ſaizie que l'on auroit fait ſur lui.

IX.

Les Fermiers aſſociez ne feront directement, ni indirectement, aucun autre Comerſe que celui de la Compagnie, ſous peine de deſtitution; mais ils auront un tems compétant, pour retirer leurs Efets dez autres Compagnies.

ECLAIRCISSEMENT.

Il eſt évident que les autres Comerſes diminuëroient le travail & l'atantion de l'Aſſocié.

X.

En tems de Guerre pour dédomager la ferme, la Compagnie aura le privilège excluzif d'armer en courſe.

T 4

ECLAIR

ECLAIRCISSEMENT.

Il est de l'intérèt du Roi de soutenir sa Ferme & la Compagnie, par le privilège excluzif des armemens ; mais les Particuliers qui voudroient armer pour leur compte, acheteront cete permiffion de la Compagnie, ou lui prometront une certaine part à leur profit. Mais j'efpere la Paix Perpétuèle entre les Souverains d'Europe.

Il i aura peut-être auffi quelques conditions fur lez plantations de Tabac, mais je ne regarde ceci que come un canevas, où l'on peut & où l'on doit ajouter & diminuër pour l'intérèt reciproque des Contractans.

OBJECTION I.

Par la Régie à forfait vous donez cinquante-milions à gouverner à quatre-vingr-dix perfones, c'eft - à - dire aux trente Directeurs, aux trente Sous-directeurs, & aux trente Capitaines , qui tous ensemble n'ont pas un bien fufizant pour répondre de dix milions.

REPONSE.

1. Par la Régie comptable, vous donez ces mèmes cinquante-milions à gouverner à dix perfones qui ne font pas plus folvables ; & ce qui fait une diférance effentièle, les fimple Régisfeurs ne repondent, ni d'un certain prix anée comune, ni de l'augmentation du capital, ni de l'augmentation de l'intérèt.

2. Quand les Directeurs comptables feroient trèz-riches, que fervent leurs richeffes à l'Actionaire, s'ils ne font oblijez qu'à faire *leur poffible*, s'il n'i a nule règle pour juger s'ils ont fait *ce poffible*, & nule punition s'ils ne l'ont pas fait ?

3. Si vous ètes mécontent d'un Régiffeur comptable, & fi vous ne tirez pas de fa régie ce qu'il vous a promis, vous n'avez de reffource que de le congédier : Mais dans le Projèt de la Régie à forfait ou de la Ferme, vous pouvez du-moins faizir les profits que les Fermiers ont déjà faits dans la ferme.

4. En gros, fi les Régiffeurs comptables donent fix-milions aux Actionai-

res, les Régiſſeurs à forfait, beaucoup
plus habiles, beaucoup plus induſtrieux, beaucoup plus laborieux, beaucoup plus courajeux, i gagneront plus
que les comptables, & doneront plus
de neuf-milions de ferme ; les prémiers feront à-peine gagner ſeize pour
cent, tandis que lez autres gagneront trente ou quarante pour cent.

Or ne vaut-il pas mieux que le
Roi, au droit des Actionaires, parta-
ge cète augmentation, & gagne huit
pour cent de plus pour lui, & faſſe
gagner aux Fermiers autres huit pour
cent ; que ſi on privoit le Roi & les
Fermiers de cète augmentation du
double de profit, qui ne peut venir
que de cète augmentation quadruple
de travail, d'induſtrie, de courage &
d'efforts : Augmentations cauzées par
le reſſort de l'amour-propre, rendu
plus fort à l'avantaje du Publiq dans
les uns que dans les autres, & habilement employé pour l'avantaje du Roi
& du Roïaume.

OBJECTION II.

Vous propoſez deux Comiſſaires
pour examiner tous les ans ſi le Capital

eſt

eſt augmenté d'un quarantième par
l'augmentation des Etets, & meme pour
conoitre ſi le dividend de chacune
des cinquante parts eſt plus fort que
dix-huit-mille livres : Cependant les
Marchands conviènent que pour faire
réüſſir une Compagnie, il ne faut
point que le Roi ni ſes Miniſtres ſe
mèlent de leurs afaires, ſi ce n'eſt pour
les protéger tant contre lez Etrangers que contre les Négocians Franſois, qui voudroient diminuër les privilèges :

REPONSE.

1. Ne voïons-nous pas tous les jours
des Météries afermées à moitié de
profit ? Le Propriétaire eſt informé de
tous les efets de la ferme, cela empeche-t-il le Fermier de bien faire ſes
afaires ? Le Propriétaire cache ce qu'il
eſt inportant de cacher pour le bien
comun de la ferme.

2. La grande raizon pourquoi la
Compagnie auroit à craindre que le
Conſeil ſe mèlat de ſes afaires, c'eſt que
lez Aſſociez auroient à craindre que
le Roi ne s'emparat de l'argent & de
leurs effets, de leur capital & de leur
pro-

profit. Mais il faut remarquer qu'ici
le capital est au Roi, & que la plupart de ce capital est en Marchandizes & en Effets, & qu'ainsi il n'a
garde de s'emparer d'un capital qu'il
baille à ferme, & dont il tire plus de
vingt-cinq pour cent; à-moins qu'on
ne veuille regarder le Roi come un
infensé, qui veuille se ruiner Lui & son
Etat. Car enfin le Conseil ne voit-il
pas clairement que si l'on décourage
les Associez, en leur otant ou partie de
leur capital, ou partie de ce profit,
il n'i aura plus ni ferme ni fermier.

3. Dans toutes les Compagnies de
Marchands, le dividend est une Opé-
ration secrete, mais elle est conue des
principaux Intéressez. Or le Roi & ses
Comissaires ne font-ils pas principaux
Intéressez ?

OBJECTION III.

Nous avons vu des Fermiers à forfait faire de faux regiftres de Recète &
de Dépense, & demander ensuite au
Roi des diminutions sur diférens pré-
textes, ofrant au Conseil de compter
de clerc à maître, & obtenir par des
protections souterraines de grandes di-
mi-

minutions. Or qui nous aſſurera que ces Marchands Maritimes, ſous prétexte de diverſes pertes qu'ils feront, ne demandent pas au Roi de pareilles diminutions?

REPONSE.

1. Nous avons vu des friponeries réüſſir, mais on devient tous les jours plus habile à lez découvrir, ainſi elles réüſſiſſent plus rarement.

2. Cez pertes cazuèles étant récompenſées par dez profits cazuels d'une anée ſuivante, pouroient bien quelquefois opérer un retardement d'une partie du revenu à forfait, mais jamais une diminution réelle.

3. Les profits des anées précédentes récompenſeront facilement les pertes prézentes.

4. Lez Directeurs ou Fermiers, lez Sous-directeurs & lez Capitaines, auront toujours leurs apointemens pour leur travail ordinaire; mais leurs dividends paſſez & avenir, que produizent leurs effets & leurs travaux extraordinaires, ſeront toujours garans envers le Roi du peymant exact du total du revenu anuel auquel ils ſe feront enga-

gajez . Ainſi le Roi, au pis aller , ne perdra rien avec eux ; mais ſeulement il poura ariver que le peyment d'une partie du forfait anuel ſera quelquefois retardé de quelques mois, come il arive dans toute ſorte de Fermes .

5 . Il i a une grande diférence entre une Compagnie qui dure ſix ans, & une Compagnie qui durera toujours : Il i a bien plus de reſſource dans l'une, que dans l'autre .

OBJECTION IV.

Cez Traitans à forfait ne ſongeront pas à établir dez Comerſes qui couteront d'abord , & qui ne raporteront de grans profits que dans des tems éloignez .

REPONSE.

1 . Come cète Ferme eſt perpétuele , & qu'elle paſſera ſouvent des pères aux enfans, des oncles aux neveux, non par ſucceſſion, mais par le choix du ſcrutin, lez pères feront ſufizament intéreſſez à faire de pareilles avances en faveur de leurs enfans, les oncles en faveur de leurs neveux.

2. Ces

2. Ces Fermiers à forfait auront encore un intérèt plus fort & plus vif pour ces entreprizes lucratives, que lez Régiſſeurs des Compagnies de Holande & d'Angleterre. Donq ils feront du-moins auſſi bien de ce coté-là, que lez Anglois & que les Holandois. Or eſt-ce faire peu, que de faire mieux que les plus habiles Marchands d'Europe?

OBJECTION V.

Les pertes qui peuvent ariver dans les Vaiſſeaux, ſoit en tems de Guerre, ſoit en tems de Paix, peuvent fort décourager les Marchands d'ofrir un prix raizonable de la Ferme, ſurtout s'ils s'engajent à peyer ce prix ſur leurs médiocres apointemens, mais encore ſur leurs autres biens meubles & immeubles, come tous les autres Fermiers. Ainſi au lieu qu'ils pouroient aizément ſans cela ofrir trente pour cent, c'eſt-à-dire cent-mille écus par an pour chaque milion de capital, ils auront de la peine à venir juſqu'à deux-cent-cinquante-mille livres par milion, ou vingt-cinq pour cent: Au lieu que s'ils étoient ſûrs de ne riſquer que leurs

pro-

profits , ils i emploïeroient également
toute leur induſlrie & tous leurs ſoins,
& porteroient ſûrement leurs ofres plus
haut que vingt-cinq pour cent.

R E P O N S E.

Il eſt certain que la véritable garan-
tie du peyment régulier du prix anuèl
du Bail, c’eſt le travail, l’aĉtivité, l’in-
duſtre & l’habileté de ces Marchands
Maritimes, lorſqu’ils ſeront devenus
Fermiers du capital & dez privilèges
de la Compagnie.   Il eſt certain que
le dézir du gain ſufit, pour les exciter
ſufizament au travail.

De-ſorte-que ſi pour décharger
leurs biens préſens, & même leurs ſix-
mille livres d’apointemens, de la ga-
rantie du peyment régulier du prix
anuèl de la Ferme, ils ofroient d’en
augmenter le prix d’un cinquième en
ſus , ou d’un ſixième au total , par
exemple de vingt-cinq à trente pour
cent, ou de deux-cens-cinquante-mille
livres par milion de capital, je ſerois
d’avis qu’on le leur acordat.

On peut en eſſayer, & leur ofrir les
deux conditions: Peut-ètre que celle
qui

qui ſera plus utile au Roi leur plaiſra davantaje, parcequ'ils riſqueront moins.

OBIECTION VI.

Ne pouroit-on point, en conſervant la Régie comptable, établir pour Directeurs des Maichands Maritimes qui rézideroient dans le Port principal, & conſerver ainſi à Paris le Conſeil de décizion?

REPONSE.

1. C'eſt tout ce que peuvent ſouhaiter nos Voizins que votre Compagnie ſoit en Régie comptable, c'eſt-à-dire entre les mains de Gens peu intéreſſez à faire des eforts de travail, & que la décizion ſe faſſe à Paris, où l'on ne conoit que trèz-imparfaitement le Comerſe Maritime.

2. La diférence entre Régie à forfait & Régie comptable eſt infinie, ſurtout dans une Régie où il i a un milion de petits détails, dans leſquels il i a un quart, un tiers, une moitié à perdre par l'indolance & par le peu d'activité, & autant à gagner par la grande activité. Or ſi vous donez

V   cete

cete Régie à forfait, jamais les Mar
chands Maritimes n'i entreront, fan
avoir la décizion par devers eux, &
fans rézider au principal Port.

Si la Régie n'eſt que comptable
des Marchands Maritimes peuven
ètre nomez Directeurs , mais ils n
travailleront pas come pour eux, &
ne ſongeront qu'à plaire à celui qu
peut les déplacer, à éviter lez repro
ches, & à ne ſe point faire d'enemis
Il i auroit plus d'habileté dans le
Directeurs: Mais come cete habilet
ne décidera pas, & que les décizion
ſe feront à cent lieuës du Port, elle
feront encore fort ſouvent & fautives
& trop tardives. Enfin plus on metr
de Marchands Maritimes pour Direc
teurs comptables, plus la conſtitutio
en deviendra meilleure, ou plutô
moins mauvaize; mais il manquera l
grand reſſort de l'intérèt particulier
qui ſe trouve toujours dans la Régie
à forfait.

3. Il eſt bien certain qu'une Com
pagnie originairement mal conſtituée,
& qui porte dans ſes entrailles des
principes de dépériſſement & de de
ſtruction, ne ſauroit proſpérer que
peu,

peu, & moins encore dans une Monarchie que dans une Republique : Mais ſi d'un coté, elle eſt bien établie ſur l'intérèt particulier trèz-fort & trèz-puiſſant d'habiles gens qui la gouvernent; ſi elle eſt de l'autre, bien établie ſur l'intérèt du Roi & du Miniſtre, qui la regardent come une ferme favorite; ſi cete Compagnie eſt perpétuèle; ſi les Membres ſe renouvèlent toujours par la voie du ſcrutin, il eſt impoſſible qu'elle n'aille toujours en proſpérant conſidérablement: Mais le dificile, c'eſt cète conſtitution originaire, qui demande que l'intéret particulier du Fermier ſoit toujours intimement uni avec l'intéret du Propriétaire, come il arive quand les profits ſe partagent entre eux par moitié.

4. Notre Compagnie pouroit dautant plus proſpérer, qu'elle a comencé ſur un grand fonds, & que ſa conſtitution ſeroit incomparablement meilleure que celles d'Amſterdam & de Londres, qui ne laiſſent pas d'etre bones, quoique lez Actions s'i vendent, & quoique chaque Directeur ſente tous les jours qu'il travaille pour

cinq

cinq ou fix-mille ingrats, qui ne travaillent pas pour lui avec la même ardeur qu'il travaille pour eux.

ʃ. Les Capitaines, les Oficiers
fubalternes, les Comis, lez Sous-directeurs de ces Compagnies, ne fe
foucient que d'éviter les reproches
dans ce qui eʃt de leur devoir;
au lieu que dans la Compagnie des
Fermiers il arivera néceʃʃairement
que, tant par honeur que par intéret,
tous feront tous les jours de nouveaux eforts au-delà de leur devoir. Je
fai bien que le Comis & le Lieute-
nant n'ont point de part au dividend,
mais ils efpérent de devenir les uns
Capitaines, & lez autres Sous-directeurs : Ainfi ils travaillent d'avance
pour bonifier un fonds qui doit leur
revenir, & leur raporter du profit;
puifqu'on choizira toujours parmi eux
lez Sous-directeurs & lez Capitaines,
& que parmi lez Sous-directeurs on
choizira les Directeurs.

6. En général tous les Etabliʃʃe-
mens où les Homes pour travailler
beaucoup, manquent de reʃʃorts fufizans, ne fauroient ni durer, ni profpérer ; la Nature reprend toujours fes
droits.

droits. Et qu'eſt-ce que la Nature? ſi-non le dézir de diminuër ſes peines & d'augmenter ſes plaizirs, c'eſt-à-dire l'intéret particulier de chaque home. Et quel autre but peut ſe propozer la bone Politique? ſi-non de lier tellement l'Intéret Publiq, qu'il ſoit impoſſible au Membre d'une Societé particuliere de faire jamais beaucoup pour lui-mème, qu'en faizant beaucoup pour les autres.

OBJECTION VII.

Lez Marchands de la Rochelle ou de St. Malo, pour gagner dàvantaje, voudront avoir un moindre nombre d'Aſſociez que trente; ils demanderont de n'etre que dix ou douze, & metre plus de Sous-directeurs.

REPONSE.

1. L'intéret du Particulier eſt qu'il i ait moins de familles qui partajent les profits, afin qu'elles s'enrichiſſent davantaje : L'intéret de l'Etat eſt qu'il i ait plus de familles qui partajent les mèmes profits, & qu'elles s'enrichiſſent ſufizament.

Dailleurs il eſt vizible que plus il i aura d'Aſſociez Directeurs dans les

 Ports

Ports d'Europe, d'Afrique, d'Azie, d'Amérique, plus il i aura d'Aſſociez qui feront plus intéreſſez à la proſpérité de la Societé.

2. Plus il i aura d'Aſſociez Direc‑teurs, plus le Conſeil poura voir clair & avec ſûreté l'état réel, & les pro‑fits réels & anuels de la Compagnie.

3. Plus il i aura d'Aſſociez, plus il i aura de garans du Capital, & de l'augmentation de ce mème Capital, & mème de l'augmentation du profit général de la Compagnie.

OBJECTION VIII.

Si l'Ouvraje des Aſſociez augmen‑te par la proſpérité de la Compagnie, ne faudra‑t‑il pas augmenter auſſi le nombre des trente Aſſociez? Parce‑qu'il i aura alors de nouvelles rézidences néceſſaires.

REPONSE.

1. Peut‑ètre que le Conſeil trou‑vera alors que les trente Aſſociez ſu‑firont, peut‑ètre les augmentera‑t‑il juſqu'à quarante. Mais ce ſont de cez changemens que les conjonctu‑res démontrent néceſſaires & utiles.

2. Le

2. Le Conſeil eſt dautant plus intéresſé à l'augmentation & l'amélioration du gouvernement de cete Compagnie, que le Roi, en cas que l'Arbitraje Europain ne s'établisſe pas de ſon règne, eſt trèz-intéresſé à avoir dans ſes Forces de Mer la meme ſupériorité ſur la plupart de ſes Voizins, qu'il a ſur eux dans les Forces de Terre. Et il eſt vizible qu'il ne peut jamais i ariver que par la ſupériorité de Matelots & d'Oficiers de Mer, & qu'il ne poura jamais ariver à la ſupériorité de Marine que par la ſupériorité de la Navigation de ſes Sujets, & ſurtout par la ſupériorité de ſes Compagnies ſur les Compagnies de ſes Voizins.

OBJECTION IX.

Nous avons vu, de nos jours, que dans les fermes du Roi on a preferé quelque tems la Régie comptable à la Régie à forfait. Donq la Régie comptable eſt préférable.

REPONSE.

1. Une preuve de la supériorité de la Régie à forfait sur la Régie comptable, c'est que le Conseil en est revenu à la Régie à forfait, c'est à-dire à faire une ferme.

2. La Régie comptable est bone pour une ou deux anées, afin de conoitre tout ce que l'on peut tirer anuèlement de tels & tels droits, & à quel prix il faut lez afermer. Mais il est vizible, & par la pratique de feu Mr. Colbert, le plus grand Financier qui eut encore paru en France, & par l'expérience générale des Homes, qu'ils tireront toujours à la longue plus de revenus de leurs météries, en les donant à ferme, qu'en les donant à régir à dez Comis & à des Valets comptables.

Cète expérience générale est fondée sur la nature des Homes. 1. Ils ne veulent point se faire d'enemis, sans un grand intérèt. 2. Ils préféreront toujours une vie douce, tranquile & parefſeuze, à une vie penible, agitée & laborieuze, quand il ne leur revient pas plus d'apointemens & de profits

de

de l'une que de l'autre. 3. Ils ne feront point les mèmes eforts de travail & d'induftrie lorfqu'il s'agit du profit d'un autre, que s'il s'agiffoit de leur profit.

De forte que le bon-fens eonduit le Maitre à prendre le parti d'avoir ou des Fermiers-Généraux, ou du-moins des Fermiers particuliers. Car l'intéret des Fermiers eux-memes eft de foufermer par fous-baux les chofes qu'ils ne peuvent pas faire valoir eux-mèmes. Mais ce foin de faire des fous-baux les meilleurs qu'il eft poffible, doit ètre confié à des Fermiers-Généraux.

3. Il eft vizible que cète moitié plus de travail, de foins & d'induftrie, procurera un profit plus fort d'une moitié, que ne produiroit la Régie comptable. Or le Propriétaire & le Fermier peuvent profiter tous deux de cète augmentation de profit, qui vient de l'augmentation de travail & d'induftrie. Et tel eft l'efet naturel de la Régie à forfait, telle eft la fupériorité naturelle qu'elle a fur la Régie comptable.

Con-

CONCLUZION.

Il paroit donq 1. que le Fonds de la Compagnie des Indes doit ètre doné à ferme ou à forfait pour toujours à une Compagnie compozée de Marchands Maritimes, fous certaines conditions.

2. Que le Roi feul peut faire ce Traité, & qu'ainfi le Roi en échange du Capital doit doner des rentes fur la Ville au denier quarante aux AƐionaires; en forte qu'une AƐion qui raporte cent-cinquante livres, vaudra fix-mille livres de Capital fur la Ville.

3. Que de cète manière les AƐions augmenteront de prix; parceque les AƐionaires n'auront plus à craindre, ni que le Capital de la Compagnie aille en diminuant par une mauvaize régie, ni que le Roi retire les droits du Tabac.

4. Si les AƐionaires i gagnent, le Roi n'i gagnera pas moins; parcequ'il formera du Fonds de la Compagnie une Ferme folide de dix milions, & retirera la Ferme du Tabac & celle du Café, & n'aura fur

cela

cela à peyer que ſept milions cinq-
cens-mille livres pour l'intérèt de
cinquante-mille- Actions, à cent-
cinquante livres d'intérèt chacune.

Ainſi il i gagneroit plus de huit-
milions de rente, l'Etat i gagnera auſſi,
parceque le Comerce deviendra tous
les ans plus floriſſant. Enfin les Directeurs, Sous-directeurs & Capitaines
s'enrichiront, par l'augmentation de
leur travail & de leur induſtrie.

5. Pour décider avec plus de ſureté,
& meme avec plus d'autorité ſur le
Projèt, il eſt à-propos que le Miniſtere
le faſſe examiner dans un Bureau exprez ſur les raizons ou objections des
Opozans, & ſur lez réponſes de l'Auteur & autres Aprouvans: Et ſupozé
que ce Bureau l'ait aprouvé, il eſt auſſi
à-propos, pour diminuër les dificultez
de l'exécution, que le Miniſtre décla-
re que dans le bail il metra pour condition, que les apointemens de la moitié
dez Directeurs actuels qui ne ſeront pas
élûs du nombre des Fermiers, ſeront
conſervez en entier à ceux qui auront
contribué à l'Etabliſſement.

*Tels ſont les avantajes que cète Métode
procurera aux Actionaires, au Roi, & à*
la

la Nation. Et c'est ce que je m'étois pro-
pozé de démontrer.

OBSERVATION.

Come cète espèce de Régie, partie comptable, partie à forfait, seroit trez-avantajeuse au Roi & aux Fermiers, il me paroit que le Conseil pouroit s'en servir pour atermer tous les Revenus ordinaires de l'Etat à une seule Compagnie par un Bail perpétuel, en observant à-peu-prez les memes conditions. Mais cela mériteroit un autre Mémoire plus détaillé encore que celui-ci, & peut-ètre que j'i travaillerai, afin que l'Etablissement puisse ètre prèt à se former la dernière anée du Bail prézent.

PRO.

PROJET

Pour établir, à la Bibliotèque du Roi, des Conférences sur la

FIZIQUE.

PREFACE.

Urant les deux dernières anées de l'éducation des Ecoliers dans nos Colèges, ils reçoivent des leçons de Fizique ; mais ils sont encore si jeunes, si distraits, si peu apliquez ; on expoze à leurs yeux si peu d'Expériences Fiziques ; on les leur expoze avec si peu d'ordre ; qu'ils sortent du Colège avec des conoissances trèz-superficieles de l'Astronomie, des Météores, de l'Anatomie, de l'Optique, de la Génération & de la Nouriture des Animaux, de la Végétation des Plantes, des Etets de l'Imagination

dans

dans les fonges & dans la frénézie
de la Chimie &c. Ils ignorent &
les efets de la Nature & leurs cauzes
Ainfi ils font bien èloignez de pouvoir
remonter des Cauzes Segondes à la
Prémière Cauze, & des Mouvemens
célestes & terreftres au Prémier Mo-
teur.

De-là il arive que faute de continuër l'étude de cete fublime Sience, ils oublient ce qu'ils en ont apris,
parcequ'ils n'en font nul uzage le
long de la vie. Ainfi cez deux anées
d'étude leur devienent à la plupart
entièrement inutiles, foit pour leur
fanté, foit pour leur conduite.

Ce n'eft pas qu'il ne leur fut trèz-
important de conoitre ce qui s'eft dé-
couvert dans cete Sience, come on
va le voir. Ce n'eft pas non plus
que cete Conoiffance de l'état prézent des Découvertes faites dans la
Sience de la Nature demande plus de
deux heures par jour, durant un ou
deux ans. Mais c'eft uniquement,
faute de certaines comoditez que l'E-
tat devroit leur doner pour continuër
cète forte d'Etude. En un mot, c'eft
faute de l'Etabliffement de quelques

Con-

Conférences Publiques fur la Fizique.

Je montrerai, dans la Prémière Partie de cet Ecrit, les diférens Avantajes que produiroit cet Etabliffement.

Dans la Segonde, je propozerai les
Moïens de l'exécuter.

Dans la Troizième, je répondrai
aux Objections.

Telle eft en général la métode que
j'obferve fouvent dans mes Mémoires
Politiques.

PREMIERE PARTIE.

*Avantajes que produira l'Etablis-
fement.*

Je fupoze qu'il i ait à la Bibliotèque
du Roi une fale deftinée à tenir quatre Conférences de Fizique par femai-
ne fous deux Directeurs, qui convien-
dront d'expliquer & de partajer entre
eux toutes les Parties de la Fizique
durant deux ans.

Une table au milieu pour i faire des
Expériences & des Demonftrations,

au

au bout de la table un fiége plus é-
levé pour le Directeur.   Il i aura des
fiéges autour de la table : Les plus
proches feront deftinez aux Étranjers,
& à certaines perfones de confidération de la conoiflance du Directeur :
Les autres fiéges de derriére feront
plus élevez, en forte que ceux qui i
feront placez puiffent voir facilement
fur la table, & qu'il puifle i tenir environ cent Auditeurs : Il i aura un
poële en hiver.

Je fupoze qu'en deux ans d'affiduïté
un Auditeur ait entendu expliquer tout
ce qu'il i a prézentement de conu dans
la Fizique, foit pour la curiofité, foit
pour l'utilité.

Je fupoze meme que ceux qui n'auront pas été affidus durant tous les mois
des deux ans de fuite, affiftent durant
d'autres anées à ces Conférences, ou
qu'ils faffent des lectures ou des répé-
titions qui fupléent aux Conférences
où ils auront manqué d'affifter.

Il rezultera toujours de leur nouvelle étude une conoiflance beaucoup
plus étenduë, & plus exacte de toutes
les Parties de la Fizique. Or c'eft par-
ticuliérement ces nouvelles conoiffan-
ces

ces qui produiront, aux Particuliers &
à l'Etat, les avantajes que je vais expliquer.

AVANTAJE PREMIER.

*On fe garantit, foi & les fiens, de
beaucoup de Terreurs mal fondées.*

Faute de conoitre lez cauzes fiziques des Songes, quantité de perfones
ignorantes font fujetes à en etre fi ef-
fraïées, qu'elles en tombent quelquefois malades.

Faute de conoitre la nature des Co-
mètes & des Eclipfes, les Peuples en
font confternez.

Faute de favoir que les Planètes font
des Terres fort éloignées, les Ignorans
craignent toute leur vie des avantures
fâcheuzes, que des Impofteurs leur
ont prédites fans aucun fondement.

Les divers Fanatifmes qui troublent
la tranquilité des Ames innocentes
dans toutes les Religions, prenent leurs
fources dans l'ignorance des Cauzes Na-

turèles. Ces craintes, ces inquietu-
des, ces terreurs, rendent la vie malhû-
reuze; & ces malheurs ne vienent que
d'une profonde ignorance de la Sageſſe
du Créateur, dans les Loix de la Nature.

Faute de conoitre les Efets de la
Fièvre dans le cerveau, l'ignorant
s'imagine avoir vu des Morts, & leur
avoir parlé en plein jour, & ſe trouve afligé de la crainte des maux que
ſon imagination malade lui fait craindre come prochains.

La Crédulité exceſſive vient de l'ignorance des cauzes des Efets Naturels,
& cete Crédulité fait que l'ignorant
prend ſottement pour miracles des E-
fets qui ne ſont que naturels, & cete
erreur fait prendre quelquefois aux ignorans des partis déraizonables & pernicieux.

AVANTAJE II.

*Le Fizicien fait un uzage journa-
lier de la Fizique, pour mieux
gouverner sa santé, & pour
se mieux conduire dans
l'exercice des Arts.*

Une Sience dont on peut faire
tous les jours uzage, soit pour sa
propre santé, soit pour le perfectio-
nement des Arts, mérite fort que nous
en faffions une étude particuliére dans
notre jeuneffe.

Mais outre son utilité, elle nous
procure tous les jours le plaizir que
l'on sent à i faire souvent des observations & de petites découvertes, parceque l'on en fait tous les jours diverses aplications qui contentent l'é-
fprit: Au lieu que, faute de continuër l'étude de la Fizique que l'on
a comencée au Colège, ce que l'on
en a apris devient inutile, & prefque aucun Ecolier n'en a affez apris
au Colège, pour en pouvoir faire des
aplications journaliéres.

AVANTAJE III.

La Fizique rend l'esprit plus ferme & plus pénétrant.

Pourquoi le nombre des Esprits fermes, solides, pénétrans, est-il si petit en comparaizon des Esprits légers & superficiels ? N'en cherchez point d'autre cauze que le défaut d'étude sufizante de la Fizique, & le défaut d'exercice dans la dispute entre Etudians.

Mes études du Colège étant achevées, j'eus le bonheur de passer trois ou quatre anées à l'étude de la Fizique. J'alois aux Cours d'Anatomie de feu Mr. du Verney. J'alois aux Cours de Chimie de feu Mr. Lemery. J'alois à diverses Conférences de Fizique chez Mr. de Launai, chez Mr. L'Abé Bourdelot, & chez d'autres. Je lizois les meilleurs Ouvrajes. J'alois consulter le feu Père Malebranche, & lui faire des objections sur quelques endroits de ses Ouvrajes. J'avois des Camarades

des avec lesquels je disputois souvent, à la promenade, sur cez matié-
res.

Je croi devoir à cez exercices l'habitude à l'aplication ; la docilité à
tout écouter, à tout examiner; la facilité à chanjer d'opinion, quand j'en
aperçevois une plus vraisemblable ; la
fermeté à garder mon opinion, tant que
je ne trouvois rien de plus vraisemblable.

Je me plaizois à cete étude. Mais
une Pensée de Pascal me fit estimer
davantaje l'étude de la Morale ; & ensuite la comparaizon de l'utilité des
bons Livres de Morale avec l'utilité des
bons Réglemens & des bons Etablissemens, me fit preferer l'étude de la
Sience du Gouvernement à l'étude de
la Morale ; & si j'i ai aquis quelques
conoissances utiles, je croi les devoir
à ces trois ou quatre anées d'exercices
de mon esprit dans l'étude de la Fizique.

AVAN-

AVANTAJE IV.

Lez Siences en deviendront plus comunes.

C'eſt un grand avantaje pour l'E-
tat que l'établiſſement de l'Academie
des Siences, il en rezulte beaucoup de
découvertes utiles ; mais le Publiq ne
profite pas aſſez de leurs découvertes,
parceque les Ecoliers au ſortir du Colège ne ſont pas encore aſſez inſtruits
pour en profiter.

Il ſort tous les ans des ſeuls Colèges
de Paris trois ou quatre-cens Ecoliers
de Fizique. Or ſi de ce nombre il
en venoit ſeulement cent aux Conférences de Fizique ; quelle diférence
pour l'Etat d'avoir au bout de vingt-
ans deux-mille Eſprits excellens de plus,
qui ſeroient come autant d'Aſtres lu-
mineux répandus dans les divers Emplois de l'Etat !

Cez deux-mille Perſones répandro-
ient eux-mèmes vingt fois plus de lumiére à l'égard de leurs inférieurs, &
ſouvent à l'égard de leurs égaux, qui
auroient négligé de s'inſtruire de la Fizique dans leur jeuneſſe.

Or

Or qui peut douter que l'augmentation de la lumiére ne soit pas un
moïen pour faire faire de plus grans
progrez à la Raizon Humaine, &
que les Homes deviendront toujours
plus hûreux à-mezure qu'ils deviendront plus raizonables, c'est - à - dire
à-mezure qu'ils se tromperont moins
sur le vrai prix des Choses de la vie,
& toujours par raport à l'augmentation de leur bonheur & du bonheur
des autres ?

AVANTAJE V.

La Religion en sera plus afermie,
plus perfectionée : Il i aura moins
de dispozition aux Guerres
de Religion.

Tout le monde convient que plus
l'esprit est ocupé du cours régulier
des Astres, de l'étenduë immense du
Ciel, de la prodijieuse multitude
des Animaux de toutes espéces, de
la varieté infinie des Plantes, de leur
admirable génération & de leur ac

X 4

crois

croiſſement ; plus l'eſprit eſt diſpozé à ſentir l'exiſtence néceſſaire du Créateur, & à admirer ſa puiſſance, ſa ſageſſe & ſa bonté.

Non ſeulement la Rèligion en eſt afermie, mais elle en eſt encore perfectionée ; parceque plus le Fizicien a de lumiére, plus il eſt éloigné de doner dans les petiteſſes du Fanatiſme ignorant ; qui fait de Dieu un Etre trèz-inparfait, trèz-déraizonable ; & qui met ſouvent la plus grande eficacité dez moïens pour obtenir le Paradis, ailleurs que dans l'obſervation de la Juſtice & dans la pratique de la Bienfaizance, pour plaire à l'Etre ſouverainement Bienfaizant.

Un Anglois, nomé Derham, a fait deux beaux Ouvrajes ſous le titre de *Téologie Fizîque*, & de *Téologie Aſtronomique*. Il ſeroit à-propos que cez deux Traitez un peu perfectionez fuſſent enſeignez aux Ecléziaſtiques, la prémiére anée de leur Téologie.

Si Luter, ſi Calvin, euſſent été auſſi ſavans en Fizique que cet Anglois, ils ne ſe fuſſent jamais aviſez de faire des Hérézies ; & nous n'aurions
point

point eu tant de Guerres de Religion, qui ont fait périr tant d'homes, & qui ont dézolé les Etats & les Provinces d'Europe. Ils n'ont été Héréziarques, que parceque faute d'etre bons Fiziciens, ils ne conoiſſoient pas la Religion d'une maniére plus élevée & plus raizonable que le Peuple.

Il n'apartient qu'à des Fanatiques ignorans de la Fizique de ſe faire Héréziarques, & d'alumer des Guerres de Religion. Ne craignez point de malheurs ſemblables dez Deſcartes, dez Leibnitz, dez Neutons, dez Derhams, ni de la part de tous les autres habiles Fiziciens.

Rendez les Siences Naturèles plus comunes, ſurtout parmi les Evèques & les Docteurs, l'on n'aura plus d'Hérézies à craindre. Les Evèques ne ſongeront qu'aux moïens lez plus faciles & lez plus eficaces de rendre leurs Diocézains plus juſtes, plus bienfaizans, & par conſéquent plus doux, plus patiens, plus indulgens, plus hûreux dans cète Prémiére Vie, & plus remplis d'une eſpérance bien fondée pour obtenir les délices de la Vie Future.

X ſ

A v a n-

AVANTAJE VI.

Ce seroit un nouvel atrait pour ame-ner lez Etrangers à Paris.

C'eſt un honeur & une utilité pour la France, que d'avoir dans la Capitale un grand nombre d'Etrangers, qui cherchent à perfectioner leurs conoiſſances & leur raizon dans des voïages. Or quand les Parens ſauront qu'il i a de pareilles Conférences à Paris, que les Etrangers i ſont les plus conſidérez, que leurs Enfans pouront facilement i faire conoiſſance avec des Camarades ſajes & ſtudieux, ils ſeront plus faciles à ſe déterminer à faire faire à leurs Enfans de ſemblables voïages.

Et cela me fait penſer qu'il ſeroit encore à-propos qu'il i eut par ſemeine deux ou trois Conférences ſur le Droit entre Souverain & Souverain, entre Nation & Nation, que l'on apèle Droit Publiq: Car les Etrangers, & ſurtout les Allemands, font grand

cas,

: cas, & avec raizon, de l'étude du
Droit Publiq.

Il feroit même à-propos que ceux
qui font le *Journal des Savans* tins-
fent une Conférence publique & générale, le Dimanche aprez midi, à
la Bibliotèque, en faveur des Etrangers & des autres Curieux. On i
liroit pluzieurs petits Ouvrajes des
Académiciens des Siences, on i liroit
des Difcours des bons Ecrivains, on i
liroit les Nouvelles de la République
des Letres.

Lez Savans illuftres, & les Etrangers, feroient au prémier rang. Lez
Etrangers font fort aizes de conoitre
les Savans illuftres d'un Peys, les Savans illuftres font fort aizes d'être conus
des Etrangers. Cète Conférence générale metroit beaucoup de bons efprits
en mouvement, pour avoir l'honeur
& le plaizir de comuniquer leurs
découvertes, fur un auffi beau Téatre,
à des perfones qui en font fort curieuzes.

Avan.

AVANTAJE VII.

Ce seroit un amuzement pour un grand nombre de Persones qui aiment ces Siences.

Il est certain qu'outre les Jeunes-gens qui s'ocuperoient à ces Etudes, il i auroit encore un grand nombre d'Homes qui s'amuzeroient utilement & trèz-volontiers à cez Conférences, & qui lez préfèreroient au Jeu, qui coute beaucoup, & qui n'aprend rien d'utile.

AVANTAJE VIII.

Moïen de faire plus de Conoissan-ces, & de choizir mieux ses Amis.

C'est un grand agrément de pou-voir conoitre ceux qui font de notre goût, & leurs qualitez personèles, avant que de fonjer à en faire des Amis. Or ces Conférences done-

roient

roient pour cet effet une grande comodité.

On se comunique les découvertes
nouvelles de chaque Peïs.

On se prète des Livres, & il se
fait ainsi un comerse utile aux deux
Parties.

AVANTAJE IX.

*Il i aura plus d'émulation & plus
de travail parmi les Auditeurs.*

Pluzieurs des Auditeurs, pour faire
conoitre leurs talens, se piqueront d'a-
porter des observations, soit pour contredire, soit pour apuyer certaines propozitions. Or il en naitra de l'émulation entre eux, à qui donera de
meilleures observations. Ainsi ils en
étudieront avec plus d'ardeur & de
constance; étude qui tournera au profit du Publiq.

SEGONDE PARTIE.

OBSERVATIONS

SUR LES

MOIENS.

OBSERVATION I.

Ce Mémoire & les autres sembla
bles feront renvoïez par le Conseil à
l'Académie Politique, pour etre exa
minez & perfectionez : C'est un moïen
général.

OBSERVATION II.

Deux ou trois Directeurs à mille
livres de pension chacun, avec la dé
pense du poële & de la bougie, font
de petite considération pour l'Etat
en comparaizon de la grande utilité
qui en reviendroit à la Nation.

OBSERVATION III.

On prendroit ces Directeurs autant
qu'il seroit possible dans l'Académie
des Siences, & le Directeur du Droit
Publiq parmi les Avocats. Le mérite &
la

la reputation du Directeur est utile, pour procurer le progrez dez Auditeurs.

OBSERVATION IV.

Pour intéresser davantaje le Directeur à avoir un plus grand nombre d'Auditeurs, il seroit à propos que chacun d'eux peyat une petite retribution par mois, qui montat environ autant que la pension du Roi : Le Directeur peyroit sur cela les frais des Expériences.

Le Législateur sage fait toujours en sorte que de deux Oficiers d'un emploi semblable, celui qui fait plus que l'autre pour l'Utilité Publique, soit aussi mieux recompensé. Tout languit bientôt, là où le paresseux a recompense pareille au laborieux.

Et voilà pourquoi je remarquerai ici en passant, que le Reglement qui empeche les Professeurs de l'Université de prendre de leurs Ecoliers quelque petite retribution tous les trois mois, (en faizant grace aux pauvres) n'est pas sufizament sage.

O B-

OBSERVATION V.

Le Directeur expliquera un Auteur les premiers trois quarts-d'heures, par exemple *Rohault*.

Il satisfera ensuite aux doutes & aux questions des Auditeurs.

On lira ensuite les observations pour ou contre l'Auteur expliqué.

Cez observations seront aportées par les Auditeurs.

Si quelqu'un n'est pas de l'avis de l'Observateur, il poura, dans lez Conférences suivantes, dire qu'il veut montrer que telle Propozition que l'on croit vraie est fausse, ou que telle Propozition crue fausse par quelques-uns est cependant vraie, sans nomer qui en est l'Auteur, si ce n'est un Auteur mort. Il faut éviter les disputes personèles, ainsi on ne disputera que par écrit ; & come il n'i aura point de réponse verbale, persone ne sera ofensé par des altercations, & les Auditeurs feront cependant instruits.

OBSERVATION VI.

Le Directeur qui aura dans son lot les Animaux, l'Anatomie, & les autres élé-

élémens de Médecine , aura en cire
colorée les parties du corps humain,
pour en faire les démonftrations & les
explications aux Auditeurs.

Come chacun des Directeurs aura
pluzieurs chozes de Fizique à démontrer aux yeux, il feroit à fouhaiter que
le Roi fit un jour l'aquifition du beau
Cabinet de Fizique que Mr. Dozem-
bré a ramaffé avec tant de choix, de
foin & de dépenfe, & qu'il fut placé
après fa mort dans une partie de la Bibliotèque.

OBSERVATION VII.

Le Bibliotécaire du Roi aura une infpection particuliére fur cez Conférences, il en reglera les heures, il fera exécuter les Statuts ; & quand il vaquera
une place de Directeur, il portera au
Miniftre le fcrutin des trois propofez
par l'Académie des Siences, ou par les
trente Avocats confultez, afin que le
Roi en choiziffe un.

TROIZIEME PARTIE.

REPONSES

AUX

OBJECTIONS.

OBJECTION I.

Le Colège Roïal, fondé dans le quartier de l'Univerſité par FRANÇOIS I. rétabli par HENRI IV. : un Profeſſeur de Fizique, & l'on ſait qu'il i a trêz-peu d'Ecoliers. Pouvez-vous en eſpérer davantaje à la Bibliotèque?

REPONSE.

1. Il n'i a point de poële l'hiver dans une grande ſale : Le Profeſſeur ne peut donq eſpérer d'Auditeurs que l'été.

2. Le Profeſſeur enſeigne en Latin au lieu que le Directeur ne parlera qu'en François ; & l'on ſait que l'on parle, & que l'on entend toujours plus facilement ſa Langue Maternelle.

3. Pour

3. Pour mieux faire comprendre les faits, il faut souvent des expériences, persone n'en fait au Colège Roïal : Au lieu que l'on en fera beaucoup à la Bibliotèque, ce qui sera un grand atrait pour la curiosité.

4. Les Ecoliers, au sortir du Colège, sortent du quartier de l'Université; ainsi il est à-propos que les Siences s'enseignent par des Conférences dans d'autres quartiers.

5. Les Directeurs feront plus d'eforts que les Profeſſeurs pour s'atirer des Auditeurs, en rendant leurs leçons plus agréables & plus utiles.

6. Il est vrai que tous les Auditeurs ne peyront pas, car il i a toujours des non-peyeurs: mais en récompense il i aura des Gens riches & nobles qui peyront quatre fois, dix fois plus que le Comun.

OBIECTION II.

Ce qui rebute les Ecoliers d'aler entendre un Profeſſeur de Fizique, c'est que ceux qui n'ont pas entendu les prémières leçons, ne sauroient que dificilement entendre celles qui suivent. Or il en arivera de même dans les Conférences.

                RE-

REPONSE.

2. Il i aura deux Directeurs, & tous les trois mois ils aficheront les Traitez qu'ils expliqueront dans tel mois: Ainsi chaque Auditeur sera averti quatre fois par an, par les *Afiches*, par les *Journaux*, & par le *Mercure*, des diférens Traitez qu'il sera plus curieux d'étudier.

2. Pluzieurs de ces Auditeurs auront des Répétiteurs de Fizique, & ils auront pris, dans le Colège & dans leurs Lectures, les principes généraux dont ils pouroient avoir bezoin, pour entendre le discours ou l'explication du Directeur. Ainsi il i aura toujours à profiter pour eux en quelque tems qu'ils entendent le Directeur de la Conférence, & les Observations qui s'i liront.

JOURNAL DES SAVANS.

Notre *Journal des Savans* a fait autrefois beaucoup plus d'honeur à la France, & il me semble que le Gouvernement pouroit encore le rendre tel, qu'il surpasseroit de beaucoup tous les autres de pareille nature. Mais pour les rendre meilleur, il faut 1. un plus grand nombre d'Ouvriers, c'est-à-dire au moins

moins douze, & par conféquent que le
Roi leur done fix-mille francs de pen-
fion, moitié à fix-cent livres, moitié à
quatre-cens; outre le revenant-bon du
Journal, qui fe partagera entre leSecre-
taire & trois autres choizis entre eux
par fcrutin, come les meilleurs travailleurs.

2. Nos Journaliftes ont pour maxime de ne point blamer & de ne point
loüër les Ouvrajes des Auteurs vivans,
de peur de les ofenfer & de les décou-
rajer. La maxime eft bone en général,
car il ne faut point faire contre un autre ce que vous ne voudriez pas qu'il fit
contre vous, fi vous étiez à fa place. Mais
on doit des loüanges aux endroits loüa-
bles des Ouvrajes, à proportion de l'u-
tilité dont ils font au Publiq.

On doit regarder les Journaliftes come des juges du bon & du meilleur. Or
en qualité de juges, ils doivent plus ou
moins de récompenfes aux Ouvrajes,
felon leur plus ou moins de valeur. Il
faut, par les loüanges, encourajer les
bons Auteurs à multiplier leurs bienfaits envers le Publiq.

Il feroit à fouhaiter que le *Journal de
France* fit un extrait fufizant de tous

les

les autres *Journaux d'Europe*, & parti-
culiérement *d'Angleterre*, de *Holande*,
& *d'Italie*. Il est vrai qu'il seroit double en grosseur, mais il n'en seroit que
meilleur & plus recherché.

TRADUCTEURS.

Pour rendre les Siences plus comunes, & pour leur faire faire plus de progrez en France en moins de tems, nous
aurions bezoin, dans l'Académie des
Siences & dans l'Académie Politique,
de quelques Traducteurs, surtout de
deux pour l'Anglois, les uns pour les
Ouvrajes de Fizique, les autres pour
tout ce qui regarde la Sience du Gouvernement.

Ce seroient tous Pensionaires de ces
Académies, qui auroient une pension
de plus come Traducteurs, & une gratification pour chaque Traduction, qui
seroit au-moins de quatre-cens livres
pour un in douze de quatre-cens pages
de huit heures de lecture.

Avec le secours des Traductions nous
enrichirons nos Habitans de toutes les
lumières, & de toutes les découvertes
des Nations Voizines; & cela à trèz-
peu de frais, en comparaizon de la
grande

grande utilité qui en reviendra à la Nation.

Pour perfectioner l'Académie des Siences.

Je ne dirai qu'un mot pour perfectioner l'Académie des Siences, établie en France.

1. Il est à-propos de vizer à unir davantaje la Téorie à la Pratique dans les travaux de l'Académie, elle en seroit beaucoup plus utile à l'Etat.

2. De-là il suit qu'il seroit à souhaiter que l'Académie des Arts i formât un Bureau séparé.

3. De-là il suit qu'il seroit à souhaiter que les Arts les plus importans à la Societé eussent à leur tète quelques-uns des Académiciens destinez à perfectioner cez Arts, & ce par élection; & que pour chaque découverte qu'ils feroient, ils eussent de l'Etat des gratifications proportionées à leur utilité, & cète gratification seroit d'un pour cent du profit anuel procuré au Publiq; l'estimation en seroit faite par l'Académie Politique.

4. Il

4. Il seroit à souhaiter que la Médecine & la Chirurgie i formassent aussi un autre Bureau d'observations expérimentales, & que le Bureau eût corespondance avec tous les Medecins & Chirurgiens Observateurs des Villes des Provinces. J'ai sur cela un *Mémoire* exprez.

TABLE

DES

MATIERES.

Contenuës dans ce Volume.

PROJET pour perfectioner la Médecine.

Y 5   Ob-

QUA-

TABLE.

QUATRIEME PARTIE.

DISCOURS contre le Mahométiſme.

PROJET pour faire ceſſer les Diſputes Séditieuſes des Téologiens.

Re-

TABLE.

PROJET pour perfectioner le Comerfe
de France.

PREMIER MEMOIRE.

PREMÍERE PARTIE.

SEGONDE PARTIE.

Principaux Avantajes du Grand Comerfe.

TROI-

TABLE.

TROIZIEME PARTIE.

Moiens de perfectioner le Comerse Maritime.

QUATRIEME PARTIE.

Objections & Réponses.

SEGOND MEMOIRE SUR LE COMERSE.

Projet pour perfectioner les Statuts de la Compagnie des Indes.

Moïens

TABLE.

PRO-

T A B L E.

F I N.